医療・看護に携わる人のための人権・倫理読本

村岡　潔・山本克司　編著

法律文化社

は し が き

　医療は，私たちの病気やケガを治すために必要不可欠な社会のケアの営みです。健康の回復は1人ひとりの人間の尊厳を保つことにつながります。医療には，この大切な役割があり，その担い手としての医療従事者（以下，医療者）には，高度な医療・看護の技術だけではなく患者さんの心と向き合い，その尊厳を保障するために高い人権意識と倫理観が求められます。一方，医療や看護の現状では，その原点にある人権や医療倫理の問題は，多くが自己流やフィーリングで済まされています。しかし，人権や倫理は，現実離れのむずかしいリクツではなく，患者さんと医療者との人間どうしの関係をどうしたら好ましい関係にできるかを導いてくれるものです。

　この本は，そのために，人権や倫理のしくみについて，理論と実践のノウハウをわかりやすく解き明かします。人権や医療・看護の倫理感覚が身につくと，患者さんの権利擁護や自己決定などの治療手続の助けになるばかりか，医療者自身も，医療チーム間や患者さんとの対人関係の改善にも役立ち，結果として質の高い医療サービスが提供できることになります。

　その実現のためには，医療者の1人ひとりが法的理論（人権論）に裏打ちされた正確な人権の知識をもつことが必要です。また，医療の先行研究に基づく倫理観も欠かせません。本書は，従来の人権論や法学教育のレベルを超えて，さらに医療現場を意識しつつ，医療者が実際に直面する人権と倫理の問題に十分対応できるように構成されています。また，法学，医学，看護学等の連携した学際的な視点にも気配りをして書かれています。この本は，すべての医療者向けのものですが，特に，医療現場の難しい人権と倫理の問題をより具体的に分かりやすく紹介することで，医療・看護学を学ぶ学生およびベテランの実践者に活用していただくことを目的としています。

　そのため本書は，それぞれの分野の第一線で仕事をする法学・社会福祉学の研究者2名，医師・生命倫理学の研究者2名，看護師・看護学の研究者3名，医療事故・医療訴訟に携わる弁護士1名の計8人の執筆者の学際的なチーム

i

ワークによって記述されています。また，人権や医療・看護倫理学習の初学者
仕様にし，法律や倫理の用語をできるだけ平易にし，文体は「です・ます」調
に統一しています。本書は，山本克司著『福祉に携わる人のための人権読本』
（法律文化社，2009年）の姉妹編として企画されました。患者さんの福祉・権利
擁護について学習する場合には，こちらをご参照ください。

　次に，本書の内容を紹介します。

　1 では，人権の理論的な理解をしていただくため，人権の意義・歴史・内容
や性質について，医療現場の具体例に沿って記述しています。

　2 は，患者と医療者の対人関係はどうしたら良好なものにできるか，など，
医療・看護現場で役立つ倫理的アプローチの基本や，その実例の「患者の権利
章典」について紹介しています。

　3 は，超高齢社会の影響下に，医療現場で問われる「老い」と「認知症」に
ついて医学的視点から記述しています。

　4 は，**2** の基本線をふまえて，さらに，医療の倫理的課題に対する具体的な
さまざまなアプローチについて，それぞれ事例を示しながら解説しています。
この2つの章を学習することで，臨床の倫理的問題に一定の解答が示せるよう
に構成されています。

　5 は，医療現場で求められる看護倫理について，看護師に必要な倫理と歴史
の知識，生命倫理と看護，看護師と医師やその他の医療者および患者さんとの
関係，看護師の守秘義務の視点から記述しています。

　6 では，**5** の看護倫理の知識を前提として，看護師の倫理的課題を深めてい
ます。

　7 では，医療事故や医療訴訟を法学の視点から分かりやすく理論的に理解し
ていただくことを目的に記述しています。

　8 では，医療現場で必要な医事法の問題点と現代社会で緊急の課題となって
いる感染症への対応について記述しています。

　ケース・スタディ編は，**1**〜**8** で学習した内容をより深めることを目的と
しています。ここでは，読者のみなさんに自ら考える力をつけていただくた
め，12のケースを掲載しています。ケース・スタディでは，1つの事例の医療

倫理の問題をさまざまなアプローチを使ったり，いろいろと選択肢をあれこれ考えたりしながら，一定の結論を導きだすといった，倫理トレーニングをすることを目的としています。

　ちなみに，資料編の「看護者の倫理綱領」に関しては，目下，改訂作業が進められています（まもなく公表予定ですが，本書の刊行に間に合わせる形で文言を修正することができませんでした）。

　医療・看護に従事するみなさんが，本書を通して人権や医療・看護倫理への理解を深め，質の高い医療サービスの提供が可能になること，また，それにより，患者さんという人間の尊厳が保障され，読者のみなさんご自身の自己実現に貢献できることを著者一同心より願っています。

　最後になりますが，本書は，企画から刊行まで5年を要しました。この間，著者を温かく支え続けてくださった法律文化社の舟木和久さんに著者一同心よりお礼申し上げます。

2021年3月吉日

編者　村岡　潔

山本克司

1 　医療・看護にかかわる人権の基礎知識

個人の尊厳　　個人の尊重　　基本的人権　　自由権　　平等権　　社会権
生存権　　新しい人権　　憲法人権規定の市民者での適用　　人権調整
胎児の人権

I　個人の尊厳と基本的人権

1　個人の尊厳の意義

　医療業務に携わるみなさんは，日頃の職務の中で，患者さんの「個人の尊厳」保障という言葉を耳にすると思います。また，「個人の尊厳」とよく似た「個人の尊重」とか「人間の尊厳」という言葉も聞くと思います。これらの言葉は憲法学の通説で，すべて同じ概念であると考えています。そこで，本書では，これらを「個人の尊厳」という言葉で統一してお話します。

　個人の尊厳が，「すべて国民は，個人として尊重される」として，規定されている憲法13条は，基本的人権の中核規定です。私たちの人権は，この個人の尊厳を具体的に表現するものとして規定されているのです。個人の尊厳とは，別の表現をすれば，私たち1人ひとりの「幸せ」を尊重しようということです。

　ところで，「幸せ」とはなんでしょうか。好きなものを食べること，寝ること，遊ぶこと，家族と一緒にいること，健康でいること等，いろいろあります。このなかで，共通点があります。それは，誰にも邪魔をされたり，介入されたりすることなく，自分の思い通りの生活を送ることです。すなわち，「自分らしさの実現」です。このことを最大限尊重することが「個人の尊厳」の保障なのです。

　医療の現場では，患者さんが何を生きる喜びとし，何を自分らしさとしてい

1

るかを日頃から観察・理解し，それを実現できるように支援することが，患者さんの個人の尊厳を保障することにつながります。なお，裁判例は，「個人の尊重は，近代法の根本理念の1つであり，また日本国憲法のよって立つところでもある個人の尊厳という思想は，相互の人格が尊重され，不当な干渉から自我が保護されることによって初めて確実なものとなる」（東京地判昭和39年9月28日）と判断しています。

なお，患者さんの個人の尊厳を具体化する人権の性質には，固有性，不可侵性，普遍性があります。まず，固有性とは，人権は天皇や憲法により与えられたものではなく，人間であることにより当然に有する権利であるということです。この固有性から，日本国憲法に具体的な人権規定がなくても，医療の現場で重視されなければならないプライバシー権や自己決定権などの新しい人権が導き出されるのです。

不可侵性とは，人権が国家権力により侵害されないことを意味します。これは，国民の人権を侵害するような法律（たとえば，認知症高齢者を社会から排除することを規定した法律）を否定できることに意味があります。しかし，私たちが社会で共生する以上，当然に人権には必要最小限の制約が発生することを忘れてはなりません。

普遍性とは，人権は，人種，性別，社会的身分，出身階層などの区別に関係なく人間であることで当然に有する権利であるということです。

2　個人の尊厳保障の歴史

では，なぜ，個人の尊厳は人権の中核なのでしょうか。個人の尊厳は，人類の長い歴史の中で多くの人の命をかけた戦いの中で人々に認識され，保障されるようになりました。ヨーロッパでは，自分たちの自由な活動を国王に認めさせようと近代市民革命を起こしました。わが国でも男女差別と思想差別などいろいろな差別と闘い平等を確立し，悲惨な戦争を体験し，命の大切さや平和の尊さを学びました。また，人類の歴史の中で何度となく飢えや病気に苦しめられ，健康で文化的な生活の尊さを学びました。多くの人々が血を流し，命を落とし，自由を束縛されてようやく手に入れたものが人間の価値の尊さ，すなわち個人の尊厳なのです。いわば，個人の尊厳は人類のかけがえのない財産なの

です。

　また，個人の尊厳にはキリスト教の影響もあります。旧約聖書の創世記 1 章
27節には「神はご自分にかたどって人を創造された。神にかたどって創造された。男と女に創造された」とあります。つまり，人間は神に最も近い創造物ということになります。ここから，ヨーロッパでは個人の尊厳が大切にされるようになったのです。キリスト教の影響から「人間の尊厳」という表現を用いています。日本国憲法により保障される「個人の尊厳」は，憲法を起草したGHQ（連合国軍総司令部）を通して欧米の人権の歴史や人類の英知を受け継いでいるのです。

3　基本的人権の種類と体系

　医療に従事するみなさんは，人権と基本的人権の違いを意識したことがありますか。実は，言葉として大きな違いはありません。日本において，人権という言葉は明治憲法の時代から使われていましたが，基本的人権という言葉は使われていませんでした。日本で初めて基本的人権が用いられたのは，ポツダム宣言（1945年）が出されたときです。以後，この言葉は GHQ を通して日本国憲法草案に引き継がれ，現在の日本国憲法に「基本的人権」と明記されたのです。

　人権の中核「個人の尊厳」は抽象的です。抽象的な概念では，私たちらしい生活を守ることができません。そこで，私たちを守る武器として明文規定として具体化したものが「基本的人権」なのです。私たちらしさを最大限尊重するとは，私たちの行動が誰にも介入されたり，干渉されたりしないことです。ここから，個人の尊厳を保障する最も重要な人権として自由権が出てくるのです。自由権とは，他人の介入を排除して，個人の自由を保障する権利をいいます。国王や国家機関が，私たちらしい生活に介入し，侵害した歴史から，侵害の主体である他人とは特に国家を意味しています。

　しかし，私たちは，自由だけでは個人の尊厳を守ることができません。自由だけで幸せな人は，社会的に強い人だけです。財産，社会的地位，権力，健康などがあり，自分の力で思うように生きることができる人にとって自由は，自分の思いを実現できる重要な手段なのです。一方，社会的に弱い立場にある

3

人，たとえば重い病気の人，重度の障害をもつ人や体力が弱い高齢者，あるいは極度の生活困窮者などは，自分の力だけでは生きていくことができません。これらの人々の個人の尊厳を守るには，国家が介入して人間に値する生活を保障する必要があります。これが，社会権です。社会権の中心にあるのはすべての国民が健康で文化的な最低限度の生活を享受できるように保障する生存権（憲法25条）です。医療に従事するみなさんが日常業務でかかわる医療制度は，生存権を具体化したものです。

　また，私たちは，社会の中で生活しています。そこで，誰もが同じ価値をもつ人権が保障されなければ個人の尊厳を実現することはできません。ここから，すべての人権の前提として，同じ立場にある人の間では不平等な扱いをしないことを保障する平等権が登場します。憲法では，法の下の平等（14条）として規定されています。この他に，私たちが社会の一員として政治に参加し，自己実現を図る手段を保障するための参政権や私たちの人権が侵害されたときに人権を回復する手段として受益権（国務請求権）という人権があります。

　これらの人権は，日本国憲法に規定されている人権ですが，社会の変化の中で，新たに人権保障が必要になってきた人権があります。プライバシー権，肖像権，環境権，日照権などです。これらを新しい人権といいます。

　医療の現場で人権問題が発生したときは，患者さんのどの人権が侵害されているのかを確認し，人権の性質に応じた修復を図るとともに，患者さん自身の自分らしい生活が実現できているかを確認することが大切です。

▶ポイント整理◀　基本的人権の内容

❶　自由権とは，国家権力の介入・干渉を排除して個人の自由を確保する権利をいいます。医療に従事するみなさんには，患者さんの身体的・精神的・経済的な自由を支える支援（自立支援）が求められます。

❷　平等権（法の下の平等）とは，年齢・性別・能力など，人と人との間の違いを前提としつつ，法律上の権利・義務の面では，条件が同じである限り，等しい取扱いを受けるとする権利をいいます。医療現場では，実質的な平等が求められます。たとえば，トリアージで重病・重症の患者さんを優先的に処置するのは，実質的平等の一事例です。

❸　社会権とは，個人の生存，生活の維持・発展に必要なさまざまな要素の確保を，国家に要求する権利をいいます。この中心は，生存権で，健康で文化的な最低限度の生活の実現を国家に求める権利をいいます。

❹　参政権とは，国民が政治に参加する権利をいいます。

❺　受益権とは，国民が国家に対して，行為を要求し，その設備を利用し，何らかの人権を守ったり強化したりするための給付を受ける権利をいいます。

❻　新しい人権とは，日本国憲法には明文の人権規定はありませんが，時代の変化のなかで人権保障が必要となってきた人権をいいます。

図 1　日本国憲法の人権体系

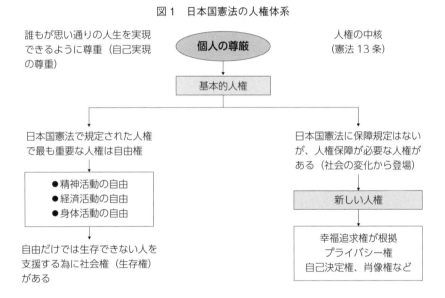

Ⅱ　基本的人権の歴史

1　自由権の歴史

　人権という考え方は，古く古代ギリシャやローマ帝国でも存在していました。しかし，この時代の人権には，侵すことのできない永久の権利という考え方はありませんでした。よく，近代の人権の発端をイギリスのマグナ・カルタ（1215年）に求めることがあります。しかし，これは封建領主の権利を国王に認

めさせたものであり，近代の人権とは内容が大きく異なります。

　近代の人権概念はイギリスのジョン・ロックの思想の影響を大きく受けています。すなわち，人間は自然状態では，生命・身体・財産に対する権利が侵害されるので，国家との契約によりこれらの権利を国家に信託して保障してもらうという考え方です（社会契約説）。後に，この考え方はフランスでジャン＝ジャック・ルソーに支持され，欧米の近代市民革命を支える思想となりました。アメリカの独立宣言（1776年）やフランス人権宣言（1789年）はこの思想を具体化したものです。

　アメリカ独立宣言では，「すべての人は天賦の権利を賦与される」と規定され，フランス人権宣言では，「人は自由かつ権利において平等なものとして出生しかつ生存する」と規定されました。このようにして近代の人権は生まれてきたのです。日本国憲法97条には「この憲法が日本国民に保障する基本的人権は，人類の多年にわたる自由獲得の努力の成果であって，これらの権利は，過去幾多の試練に堪へ，現在及び将来の国民に対し，侵すことのできない永久の権利として信託されたものである」と規定されています。これは，このような欧米の近代の歴史を受け継いでいることを表します。

　私たちを守っている近代的意味の人権は，最初に近代市民革命を契機として生み出され，国家の介入から国民の自由を守る自由権（経済的自由・精神的自由・人身の自由）でした。このような歴史の中で形成されたので自由権は，18世紀的基本権と呼ばれています。医療の分野においても患者さんの人権保障の重要課題は，自由権の保障と実現にあることを忘れてはなりません。

2　社会権の歴史

　18世紀以降，自由権は，資本主義の発展を導きました。しかし，国家の介入のない自由な経済活動は貧富の格差や失業を生み，結果として，社会的に弱い立場の労働者は生存の危機に直面することになりました。このような状況から，国家の介入により人間に値する生活を保障する社会権が20世紀に登場します。社会権の中心にあるのは，国家に健康で文化的な最低限度の生活の保障を求める生存権です。生存権は，世界で最初にドイツ・ワイマール憲法（1919年）において「経済生活の秩序は，すべての人に，人に値する生存を保障すること

を目ざす，正義の諸原則に適合するものでなければならない」と規定されました。このような歴史から社会権は，20世紀的基本権と呼ばれています。

　社会権は，社会的弱者を視点に入れた人権として，大きな意義があります。しかし，皆さんもかつて世界史の教科書でマルクの札束を荷車一杯に載せてパンを買いに行く写真を見たことがあると思いますが，当時のドイツ政府には生存権を実現できる財政的裏づけはありませんでした。そこで，生存権の理想と国家財政の現状との調和を考慮する理論として，生存権は，具体的な権利ではなく，国の努力目標・指針を示したに過ぎないとする考え方（プログラム規定説といいます）が登場してきました。日本の裁判例も，基本的には，生存権は，プログラム規定であるという考え方を採用しています。ただし，生存権は，この人権を具体化する法律が制定されて私たちは，人間に値する生活を国に権利として請求できるのです。たとえば，生活保護は，生存権を具体化する生活保護法により，私たち国民が生活保護を権利として国に請求できるのです。

Ⅲ　新しい人権

1　新しい人権の意味

　私たちの人権は，日本国憲法により守られています。日本国憲法は，1946年11月3日に公布され，1947年5月3日に施行されました。日本国憲法は，人権保障を手厚く保障しているといわれていますが，あらたな人権規定の必要があっても施行以来，一字一句変更されることはありませんでした。なぜなら，憲法の字句を改正するには，国会議員の総議員の3分の2以上の賛成で国会が発議し，国民投票で過半数の賛成を得るという厳格な改正手続が必要だからです。

　しかし，社会は変化し，憲法制定当時には，予想もしなかった社会現象が発生しています。身近なところでは，情報化・メディア社会の到来によるプライバシーの侵害や肖像権の侵害，急速な工業化による公害問題，都市化に伴う住宅の高層化と日照権の問題などです。ここでは，プライバシー権，肖像権，環境権，日照権などが問題となりますが，日本国憲法にはこのような人権の規定がありません。日本国憲法にはない人権ですが，時代の変化とともに新しく人

権保障が必要となってきた人権を「新しい人権」といいます。新しい人権は，現在，さまざまなものが主張されています。しかし，安易に新しい人権を認めると誰もが自分の勝手気ままに人権をつくりだし，人権が雨後の竹の子のように乱立するいわゆる「人権のインフレ化現象」が発生します。また，国家や国民の人権を遵守する感情が希薄化し，私たちの個人の尊厳や自らの力で生きていくうえで必要な人権の保障を弱くする危険性があります。

　そこで，新しい人権は裁判で，きわめて限定された範囲でしか認められていません。具体的に認められているものは，プライバシー権やプライバシー権の一種である肖像権などわずかです。また，新しい人権を認めるには，憲法上の根拠が必要です。プライバシー権や肖像権は，憲法13条の幸福追求権を根拠としています。この幸福追求権は，人権の体系上「包括的基本権」と呼ばれ，日本国憲法が保障する自由権規定で人権保障が不十分な場合，新しい人権をつくり出す役割をもっています。

　医療現場で，患者さんが喫煙権を主張することがあります。この場合，どのような対応が必要でしょうか。まず，新しい人権を考えるには，自分が自分の力で生きていくうえで不可欠の人権であるか否かを基準として考えます。タバコは嗜好品であり，生きていくうえで不可欠の権利ではありません。したがって，一時的に精神状態が不安定になるとしても新しい人権として認めることはできません。裁判例で，喫煙権を正面から認めたものはありません。しかし，喫煙は自己の精神的安定に不可欠な人もいます。そこで，一概に禁煙を実施することは喫煙者の楽しみを奪うことになり妥当ではありません。他の患者さんの健康や良好な環境を侵害しない配慮の下で喫煙を許可するなど，人権の調整により許容することは可能です。

　では，嫌煙権はどうでしょうか。嫌煙権も新しい人権とは認められていません。しかし，タバコから発生する副流煙は，受動喫煙として，他人の健康を損なうおそれがあります。そこで，体力が弱った患者さんが利用する医療施設においては，新しい人権と同様の保障が必要となります。したがって病院内では，全面禁煙を原則とすることが妥当です。他方，上記の喫煙権と同様，喫煙をする患者さんの価値観の多様性を配慮し，嫌煙権と同様の気配りも必要です。

　ところで，嫌煙権と喫煙権は表裏の関係にありますが，喫煙は人格の維持に

不可欠とまではいえないので，嫌煙権は喫煙権に優越する新しい人権に準じた扱いをすることが妥当だと考えます。このように，表裏の関係にある人権でも，医療施設においては施設の設置目的や実情において優劣の関係を考えることが必要です。

2　プライバシー権と肖像権

⑴　プライバシー権

　プライバシー権とは，「私生活をみだりに公開されない法的保障ないし権利」をいいます。この人権は，アメリカで19世紀以来，判例を通して「1人で放っておいてもらう権利」として形成され，日本では「宴のあと」事件判決を通して認められました。「宴のあと」事件判決とは，三島由紀夫の小説「宴のあと」において外務大臣を経験した政治家の私生活の公開に関する記述が問題となった事件です。

　医療施設内では，患者さんの私生活がみだりに公開される危険性があります。病歴，家族の問題，財産の有無・多寡，犯罪歴，身体の露出など枚挙に暇がありません。そのようなとき，みだりに公開された患者さんの心の傷は大きく，個人の尊厳を損ないかねません。そこで，プライバシー権については，正確な理解が必要となります。裁判例によるとプライバシー権の侵害となるのは以下の要件をすべて満たした場合です。

　第1の要件は，私生活上の事実，あるいは事実と受けとられるおそれがあることです（事実性の要件）。冗談で「○○さんは，実はウルトラマンだって」とか，「○○さんは，実はかぐや姫なのです」と患者さんの情報を他人に告げても事実と受け取られる可能性はありませんからプライバシー権の侵害にはなりません。しかし，「○○さんは，ヤクザです」とか，「○○さんの家庭は夫婦関係が悪い」などということは，冗談であっても事実らしく受けとられるおそれがありますからプライバシー権の侵害になります。

　第2の要件は，一般人の感受性を基準としてその人の立場にたった場合，公開されたくない事柄であることです（秘匿性の要件）。具体的に，「○○さんのお孫さんは小学校で優等生です」と医療施設内でいう場合，一般人は嬉しい感情をもちます。しかし，「○○さんのお孫さんは校内暴力で停学になった」と

いうことは，一般人の感情として隠したいと思います。それゆえ，後者の場合には，プライバシー権の侵害になります。

第3の要件は，一般の人々にいまだ世間に知られていない事柄であるということです（非公知性の要件）。たとえば，患者さんの家族の犯罪行為がいまだに知られていない場合は，その事実を医療施設内で公開するとプライバシー権の侵害になりますが，マスコミ等で広く知らされている場合にはプライバシー権の侵害になりません。

しかし，厳密な意味でのプライバシー権侵害にならなくても個人情報の漏洩は患者さんの個人の尊厳を傷つける危険性があります。利用者の個人情報を支援者の職務の目的を超える範囲で収集するとか，興味本位での情報の収集や不用意な発言による情報の遺漏には十分気をつけるとともに職務の守秘義務遵守（仕事で知りえた情報を公にしないこと）について職場で徹底する必要があります。特に，資産関係，犯罪歴，宗教，政治信条，病歴，門地などには十分な配慮が求められます。そこで，医療施設におけるプライバシー権は，患者さんの心情や身上を考えれば裁判例よりも広く解釈し，患者さんの心を傷つけるような情報公開は公知の事実であってもプライバシー権の侵害になると考えるべきです。

また，プライバシー権の中には，「自分に関する情報は自分で管理する」という権利が含まれています。とくに，現代では医療の分野にも国や地方自治体がさまざまな形で関与しています。それにともない，個人情報の多くが国や自治体に集まってきています。そのような中，誤った情報がコンピュータに登録されると患者さんが医療サービスを受けることができなくなるなど不利益を被ることにもなりかねません。ここから，自己に関する閲覧・訂正ないし抹消を求める権利（自己情報開示請求権）も認められています。

なお，医療施設において，医療ソーシャルワーカーが患者さんから記録の開示を求められたときは，原則として開示が必要です。しかし，開示により本人または，第三者の生命，身体，財産その他の権利を害するおそれのある場合，専門職の業務の適正な実施に著しい支障を及ぼすおそれがある場合などは，例外的に開示できません。この場合，患者さんのプライバシー権の重要性を考えると，単に「専門的」という抽象的な理由だけでは開示を拒むことはできません。情報の公開が本人または第三者の生命，身体，財産その他の権利を侵害す

ることが明白であり，それを防ぐ手段を講じることが不可能なくらい時間的に差し迫っているという「明白かつ現在の危険」の基準を使うことにより，より精緻な人権制約を実施する必要があります。

(2) 肖像権

裁判例で認められたプライバシー権の１つに肖像権があります。肖像権とは，写真などにより，人が自己の肖像をみだりに撮られたり利用されたりしない権利をいいます。身近な話題として，週刊誌等での芸能人の写真の無断使用や野球ゲームでの野球選手の姿態などがあります。医療施設では，よく「○○病院便り」などで患者さんの顔や姿をアップで掲載していることがあります。この場合，承諾を得ていなければ肖像権の侵害になることもありえます。写真の掲載の際には，後ろから撮影するとか，目線を入れるとかの配慮が必要です。

(3) 医療的視点による利用者プライバシー権の保護

① 医療施設で個人情報の保護についてのマニュアルを作成し，個人情報の保護につき職員全体で患者さんのプライバシー権尊重についての意識を共有する。

② 個人情報保護・プライバシー保護のスーパーバイザーを置き，日常の業務の中での患者さんのプライバシー保護を検討する。具体的には，治療・着脱・入浴・排泄・金銭管理・病歴管理・日常生活の公開などプライバシー権がどのように問題となるかを検討する。

③ 個人情報について，自身で管理できない患者さんに対しては，医療従事者は，権利擁護の代弁者としてかかわる姿勢をもち，日常業務の中で福祉サービスや保険の賦課などの問題が発生した場合には迅速に行政に対して問い合わせる（情報プライバシー権の擁護）。写真撮影やホームページでの紹介など利用者の姿態が公開される場合には，患者さんの承諾を得ることが必要です。承諾が得られない場合や意思表示が十分できない場合には，個人が特定できないような配慮をすることが求められます。医療施設利用契約時に「施設の紹介の場合には，利用者の生活の様子を公開することがありますのでご承諾を願います」などの包括的な承諾を取ることは，医療施設利用につき実質的に弱い立場にいる患者さんの自由な意思表明（表現の自由）を侵害することになるので避けるべきです。

3 自己決定権

　自己決定権とは，個人が自己に関する事柄について，誰にも干渉・介入されることなく自らの判断で決定することができる権利をいいます。この権利は，広い意味のプライバシー権の一種と考えられています。しかし，内容は曖昧で，裁判例で正面からこの権利を認めたものはありません。

　医療の現場では，患者さんの治療拒否や安楽死・尊厳死，あるいは妊娠中絶の自己判断の場合に問題となります。また，患者さんのライフ・スタイルとしての髪型や服装の判断でも問題となります。患者さんの中には，特定の宗教を信じることにより治療行為として輸血を拒否する場合があります。このような場合にはどうすればよいのでしょうか。

　これについては，「エホバの証人」輸血拒否事件が参考になります。この判例は，「エホバの証人」の信者が自分の信じる宗教により輸血を拒否したにもかかわらず，輸血という医療行為を受けたため自己決定権の侵害として損害賠償を求めたものです。最高裁判所は「自己決定権」を正面から認めることはしませんでしたが，「人格権の一内容として尊重されなければならない」として，医師に損害賠償責任を負わせました。必ずしも明確な基準があるわけではありませんが，患者さんの人権尊重と損害賠償等のリスクを回避するために，医療現場では，①患者さんの承諾の確認，②患者さんの生命を保護する代替手段の検討を行う必要があります。また，医療の決定は，施設全体の意思決定とすべきであり，特定の職員の判断に委ねることは回避すべきです。

　最近，医療でも「自己決定権の尊重」が掲げられています。その際に，どの範囲まで自己決定権として尊重すべきかが問題となります。自己決定権を無制限に認めてしまうと，なんでも人権という風潮が蔓延し，社会秩序の混乱が起こり，逆に患者さんに必要だと認められる個人の尊厳を実現する人権の保障機能を弱めることになります。そこで，通常，「人格的生存にとって必要な権利」という基準でふるいにかけます。その結果，患者さんの髪型や服装までは，自己決定権の範囲に入らないと考えます。ただ，医療や福祉の現場では，患者さんや利用者の心豊かな生活の実現のために，裁判例よりは自己決定権を広く解釈し，「衣食住」については，社会的に必要だと認められる範囲（社会的相当性）で考えるのがよいと思います。

【事例①】　医療施設を利用している患者さんが宗教上の理由で特定の食材の摂取を拒否する場合

　　イスラム教やユダヤ教は宗教上の理由から豚肉を食べることが禁止されています。これらの宗教を信じる人々の多くの日常生活や人生は信仰心に支配されています。そこで，食材の決定は人生を支配するといっても過言ではありません。このような場合は，食材の決定は自己決定権の保障の範囲であると考えます。

【事例②】　ハンセン病として療養施設を利用している女性が出産を望んだ場合

　　子どもをもつことは，女性の人生を大きく左右します。そこで，子どもを生むこと・生まないことについては自己決定権の保障の範囲です。ただし，支援者は自己決定権として無条件で賛成するのではなく，このことから発生する問題点を一緒に考え，また自立を支える社会資源などを発掘，検討することにより利用者の自己決定がよりよい環境でできるように配慮することが必要です。

【事例③】　精神障害者が自動車運転免許の取得を求める場合

　　現代社会において自動車は私たちの日常生活活動の範囲を広げ，自己実現に大きな影響をもっています。そこで，運転免許の取得は自己決定権として認められます。ただし，自動車は運転を誤れば一般人を巻き込む大きな事故を引き起こします。そこで，自己決定権を根拠に無条件で運転免許の取得を認めることは問題です。精神障害者が運転免許の取得を望む場合，精神病の程度，治癒の状況，主治医の判断等を総合して決定すべきです。精神障害を理由として一律に免許取得を認めないのはノーマライゼーションの思想（障害のある人が障害のない人と同等に生活し，ともにいきいきと活動できる社会を実現するという思想）に反します。市民一般の生活の安全との調和の視点から判断することが必要です。

4　環境権

　　環境権とは，私たちの健康を維持していくうえで不可欠な水質，空気，日光，静寂などの環境を良好な状態で享受できる権利をいいます。この権利は，公害が私たちの健康と平穏な生活環境を破壊し始めたことを契機として，先進国で主張されるようになりました。日本では，特に第二次高度経済成長期（1965年から1973年）の間に著しく大気汚染や河川や海洋の汚濁が進みました。この過程で各地において公害裁判が提起され，この過程で環境権が新しい人権として主張されるようになったのです。

　　環境権は，憲法に明文規定がない新しい人権ですから内容が明確ではありま

せん。新しい人権を導くための憲法上の根拠については，環境権の健康で快適な生活を誰にも邪魔されないという自由権としての側面については，13条の幸福追求権から導き出せます。健康で文化的な最低限度の生活を快適に過ごすための施策を国に求める社会権的な側面は25条の生存権を根拠にしています。

　裁判例は，プライバシー権のように明確に認めたものはありません。しかし，環境権の自由権的な側面については，「個人の生命，身体，精神および生活に関する利益は，各人の人格に本質的なものであって，その総体を人格権ということができ，このような人格権に対しては侵害を排除する機能がみとめられなければならない」と大阪空港事件控訴審判決（大阪高判昭和50年11月27日）で判断しています。

　これを参考にして，医療施設における患者さんの環境権を考えると換気（空調），衛生（水質），静寂性（防音対策）などは，患者さんの健康で快適な生活を維持するうえで必要不可欠なものです。それゆえ，これらの対策が不十分な場合には患者さんの環境権侵害となるばかりか個人の尊厳保障に不可欠な人格権の侵害となります。

【事例①】　医療施設における環境権と受忍限度

　私たちは，社会の一員として生活しているのですから良好な環境を阻害している原因行為は常に身の回りに無数にあります。１つひとつ人権侵害として問題が表面化すると毎日トラブル処理に追われて他に何もできません。ですから，社会的に受忍できる範囲においては誰もが当然我慢すべきであり，人権侵害や権利侵害になることはありません。

　この基準で考えると相部屋の病室における通常のいびきは，社会的な受忍限度の範囲ですが，無呼吸症候群などにより病的ないびきを放置することは受忍限度の範囲を超え，他の利用者の環境権を侵害することになります。

【事例②】　医療施設の近隣に葬儀場が建設される場合

　患者さんは日々死に対する恐怖と不安に直面しています。このような場合，患者さんが日常生活する視野に葬儀場の景観が入ると彼らの平穏な生活を害することになります。それは，環境権の侵害となります。裁判例は，直接環境権を認めてはいませんが，「良好な景観の恵沢を享受する利益は，法律上保護に値する」（最判平成18年３月30日）と判断しています。このような施設の建設の場合には，患者さんの視線に直接入らないように目隠しを設置するなどの配慮が必要です。

Ⅳ　患者さんの人権保障と人権調整

1　憲法が一般市民社会で果たす役割

　憲法は，国の法体系の中で最も高い地位が与えられています。これを憲法の最高法規性といいます（98条）。なぜならば，憲法は私たちの基本的人権を守る役割をもっているからです。憲法は，歴史的に国家の専断的・恣意的な行為（国家の都合で何の制約もなく国民の権利を奪う行為）から国民の人権，特に自由権を守る役割を担うものとしてつくられました。そのため，憲法の人権保障は原則として国家を相手として国民の人権を保障する働きをもっています。

　しかし，現代においては，人権侵害は，国家ではなく，市民の間でも発生しています。ここから憲法を市民の間にも適用すべきかが問題となります。これを憲法の私人間適用の問題といいます。私たちは，安易に人権保障のために憲法の私人間への適用を歓迎するかもしれませんが，憲法には非常に強い効力があるため，安易な適用は弊害が多発する危険性があります。

　難しい話なので，具体的な例を考えましょう。

【事例①】

　キリスト教関係のS病院に入院したAさんは，キリスト教に関心がありません。この施設では4月にはイースター（復活祭），12月にはクリスマスを行事として行っています。Aさんは，キリスト教に関心がないので行事を不愉快に思い，信教の自由が侵害されていると苦情を申し出ています。

【事例②】

　B病院の就業規定では，男性職員の定年は63歳，女性は60歳となっています。この施設の女性職員Cさんは，定年を前にこの規則は法の下の平等（憲法14条）に違反していると苦情を申し出ています。

　【事例①】の場合，憲法の信教の自由（20条）をS老人ホームとAさんの間に適用する（「私人間適用」といいます）と憲法は国家の行為を規制する非常に強い効力をもった法ですから，S病院のキリスト教に基づいた特色ある施設運営を抑制することになります。事例②の場合も同様に憲法を直接適用すると施設

の独自性や活動の多様性を害します。このように一般市民社会の独自性・多様性を害することを私的自治の侵害といいます。

　そこで，もっと副作用（弊害）が少ない法理論を考える必要があります。私たちの日常生活でも，抗生物質など効果の大きな薬は副作用を伴うことを想起してください。このようなとき，古来から生薬として用いられ（＝市民社会の一般ルールとして承認）副作用が少ない（＝私的自治を侵害しない）と認められた薬を使う場合があります。この発想を法理論に反映したものが「間接適用説」という考え方で，裁判例において採用されています。

　これは，憲法を市民間（私人間），上記の【事例①】では，S病院とAさんの間，【事例②】では，B病院とCさんの間に直接適用するのではなく，憲法の規定を私法（特に民法）の一般原理（公序良俗違反，信義誠実の原則，権利の濫用など）に置き換えて適用するという考え方です。民法は，私たち一般市民の間に適用することを目的に制定された法律であり，一般市民社会の私的自治を尊重しています。

　【事例①】では，信教の自由（憲法20条）を公序良俗（公の秩序，善良な風俗の略。民法90条）に置き換え，イースターやクリスマスが社会的な秩序を乱すか否かを検討します。これらの行事は，一般市民社会に受容され，キリスト教徒でない一般市民でさえ別段の違和感なく行事に参加しています。したがって，S病院の行為は，公序良俗に反することはなく，Aさんの人権・権利利益は侵害されてはいないことになります。

　【事例②】も民法の公序良俗をB病院とCさんの間に適用して考えます。男女の年齢による差別的な定年制度は合理性がなく公序良俗に違反することになり，女性であるCさんの人権・権利利益を侵害することになります。

　裁判例によれば，日産自動車事件で「男性の定年年齢を60歳，女性の定年年齢を55歳と定める就業規則は，女性であることのみを理由として差別するものであり，性別による不合理な差別である」（最判昭和58年3月24日）としています。間接適用説の考え方は一般市民それぞれの立場を尊重し，社会・経済的活動の独自性を認めたうえで活動制約の弊害を最小限に食い止めるバランスのいい考え方といえるでしょう。

2　人権の調整

　私たちは，社会の中で生活しています。そこで，個人が無制約に人権をお互いに主張すれば，対立と混乱が生じるおそれがあります。日本国憲法は，人権を調整する基準として，「公共の福祉」を唯一規定しています（12条・13条・22条・29条）。しかし，公共の福祉は，抽象的かつ曖昧な概念です。そのため，内容が不明瞭なまま人権調整基準として用いれば，私たちの人権を過度に制約する危険性をもっています。ここから，人権の対立が問題となった多くの裁判を通して公共の福祉をより明確化する基準が出されています。

(1)　内心の自由の制限について

　私たちの心の中だけで自由に思い描く自由を内心の自由といいます。内心の自由は，個人の頭の中だけに留まり，他人の人権と抵触することはありません。ですから，たとえ国家にとって危険な思想であっても制約することはできません。これを絶対保障といいます。具体的には，江戸時代に行われたキリシタンの踏絵は，自分の内心に思っていること（キリスト教の信仰）を表に出させて処罰を加える行為ですが，日本国憲法の下では絶対に許されません。

　かつて，いわゆるカルト宗教の問題が社会を震撼させました。医療施設においても患者さんの日常生活の把握の上で内心に関する情報が必要となることがあります。しかし，思想・信条が表現行為となって施設のほかの患者さんや職員との間で人権の対立が発生するまでは人権の調整を行うことは認められません。具体的には，身上調書に宗教名，支持政党など内心の活動に関する情報を取得するような行為は人権保障の観点から認められません。

(2)　比較衡量論（比較考量論，利益衡量論）による人権相互の調整

　公共の福祉による人権調整をより明確化・精緻化する理論として，「比較衡量論」が考えられました。この理論は，その人権を制約することによって得られる利益と失われる利益を比較して，得られる利益が失われる利益よりも大きい場合に，人権制約を合憲とし，後者が大きい場合には違憲とする考え方です。

　裁判例では，ストライキの事件で労働者の労働基本権の制限により失われる労働者の利益と労働基本権の制約により得られる国民生活の円滑な運営の利益を天秤にかけて判断する手段が採用されています。また，刑事裁判の事件で，

事件に関する裁判所のテレビフィルムの提出の合憲性をめぐり，テレビ局の表現の自由と公正な裁判の実現を比較衡量する裁判例もあります。この考え方は，戦後の日本の判例の人権調整基準の主流となっていますが，社会や組織を優遇し，個人の人権を軽視する危険性があります。

【事例】K知的障害者施設では施設の規則として，午後6時以降男子利用者は，女子利用者施設への立入が禁止されている場合。

　本事例の場合，男子利用者の表現の自由と施設の平穏な環境実現が利益衡量されます。この場合，どうしても利用者個人の利益よりも団体・組織の利益が優先されます。これでは，「公共の福祉」を精緻化して国民の人権保障強化を目指す人権制約基準づくりの目的に反します。それゆえ，この理論を使って施設利用者の人権を制約する場合は，常に，「人権制約は必要最小限にする」という視点と個人の利益の最大限の保障の視点をあわせて考える必要があります。すなわち，入室許可時間帯，立入の態様，場所など平穏な施設環境との関係で上記の2つの視点から細かく検討する必要があります。

　民間の社会福祉法人や医療法人が施設を運営する過程で利用者や患者さんの人権の制約が問題となる場合，裁判例が採用する間接適用説では利用者や患者さんは憲法の人権保障を直接主張することはできません。しかし，比較衡量論の考え方を福祉・医療分野に憲法の適用に準じた形で利用すれば，利用者の人権がより保障されるということはいうまでもありません。

(3) 二重の基準論（厳しい基準と緩やかな基準）による人権相互の調整

　比較衡量論をより具体化する人権調整基準としてアメリカの判例を参考にして「二重の基準」が1965年以降から裁判，学説上主張されています。私たちの人権は既にお話ししたようにさまざまな種類があります。人権の中には社会の重大なルールである民主主義に直結しているものがあり，この人権を傷つけると私たちは民主主義に則り，自由な意見を言えなくなる場合があります。一方，人権が傷つけられても自由に意見を述べて回復する手段をもっている人権もあります。このような人権のもつ特色をより細かく検討しながら人権制約に厳しい基準を適用したり，緩やかな基準を適用したりするなど，手段を使い分ける方法を二重の基準といいます。

　具体的にいえば，精神的自由（言論・出版などの表現の自由・結社の自由が代表

的な人権です）は，私たちが政治に参加し，私たちの理想を実現する（自己実現）ために不可欠です。もし，これが簡単に制限されてしまえば，政治参加という民主制の過程が閉ざされてしまい，結果として，自己実現が不可能になってしまうからです。別の見方をすれば，精神的自由は，権力者の思い通りの政治を行ううえで時として邪魔となり，規制の誘惑に駆られやすい性質をもっています。みなさんが内閣総理大臣になったとして，自分のやりたいことに反対するマスコミや一般大衆をどう思いますか。おそらく邪魔だと思うにちがいありません。そこで，自由に意見を表明したり，出版したり，反対集会を開くことを弾圧する気持ちが起こります。でも，ここでこのような政府の行為を認めてしまったら，私たちは自分の思う政治を実現する手段がなくなり，一生不平・不満をもちながら生き続けないといけないのです。これは，わたしたちの自己実現にとってきわめて由々しき問題です。

　一方，医療サービスの削減を思い浮かべてください。皆さんの多くはきっと削減に抵抗感があると思います。削減は私たちの生存権（憲法25条）を制約することになりますが，不満があれば精神的自由の表現の自由（憲法21条）を使って，言論・集会・出版などの手段に訴えサービス削減を止めさせることができます。すなわち，民主主義の過程が確保されていれば，生存権が侵害されても人権を回復することができるのです。ここから，精神的自由の制限は制約基準を厳しくする考え方（厳格な基準）が生まれてきたのです。

　厳格な人権制限基準の1つにLRA（Less Restrictive Alternative）の基準があります。

　この基準は，アメリカの裁判で形成されてきたものです。表現の自由の制約の場合，より少ない規制手段が認められる場合には，その規制は違憲とする考え方です。医療の現場でこの基準を用いることは可能であると考えます。特に，人権侵害が問題となる精神障害者の身体拘束について考えてみましょう。

　まず，身体拘束を開始するにあたり，緊急のケアカンファレンス・ケースカンファレンスを開きます。その場で，グループ単位で一般的専門職の立場にたって，患者さんが直面しているいわゆる「行動」を明確化し，「行動」の解決にあたり自由度の制約が最も小さい医療技術を検討します。そして，より自由度の高い医療技術があるにもかかわらず身体拘束を行う場合には，人身の自

由・表現の自由の侵害，ひいては個人の尊厳の侵害となるため，身体拘束は認められないと考えるのです。

V　胎児の人権享有主体性

1　胎児の民法および刑法上の地位

　生物学的視点からみた「人」の生命は，精子と卵子の結合による受精卵の誕生に始まります。その後，胎芽，胎児と成長し，胎児の身体が全て母体外に娩出した時点を出生時間とし，その時点で新生児となります。

　日本国憲法は，「日本国民たる要件は，法律でこれを定める。」（10条）とし，「日本国民たる要件」を定める国籍法では，「出生による国籍の取得」（2条）を規定しています。民法においては，「私権の享有は，出生に始まる。」（3条1項）と規定しています。ここでいう「出生により人になる」ことは，権利能力，すなわち，「人」が私法上の権利を得，義務を負うことのできる法的資格の取得です。したがって，未出生の胎児は，「人」としての権利能力を有しません。しかし，不法行為による損害賠償請求（民法721条），相続（民法886条），遺贈（民法965条）については，胎児を「既に生まれたものとみなす」としてその権利能力を認めています。

　一方，刑法では学説上，胎児の身体の一部が母体より露出した時点を人の始期とする一部露出説が一般的な見解で，胎児の生命・身体は堕胎罪によって保護されています。判例上，胎児の発育状態は問わず，妊娠1カ月でも保護客体とされています。生物学的な意味における「人」の生命は，受精卵の誕生とされていますが，現行刑法における保護客体としての胎児は子宮着床後の受精卵とする見解が広く認められています。胎児致死傷を判断した最高裁決定では，「現行法上，胎児は，堕胎の罪において独立の行為客体として特別に規定されている場合を除き，母体の一部を構成するものと取り扱われていると解される……」（最決昭和63年2月29日）と，胎児は母体の一部と捉えられています。

2　堕胎と胎児の人権

　胎児は出生によって人と同等の法的地位を獲得することになります。しか

し，胎児が人ではないといいきれるでしょうか。personhood argument の中には，胎児は人ではないとして，人工妊娠中絶を許容する見解も存在します。この見解では，精神活動の有無に基づいて胎児と人を区別するため，発達途上にある新生児も人とは異なると解することになります。反対に，胎児を人とする場合，受精卵を人とすることには親和性をもち得ず，受精から出生に至る経過において，胎児が人となる時点を示す必要があります。

　わが国では，母体保護法の規定によって，「母体外において，生命を保続することのできない時期（妊娠22週未満）」の胎児に対しては人工妊娠中絶が容認されています。加えて，胎児に対する過失行為は処罰対象とされておらず，基本的人権が保障されている新生児とは隔たりのある保護規定となっています。

　母体外における胎児の生存可能性によって人工妊娠中絶の適否が判断されていますが，母体外での生存可能性を有する胎児に対して，人と同等の人権を保障しているわけではありません。現在の医学では胎児が単独で生存し得ない期間がある以上，その生存のために依存している母体（女性）との関係性において，胎児の人権を考えていくことが重要です。その際，生命の連続性を忘れてはならないでしょう。

表1　日本国憲法が保障する基本的人権一覧

自由権	精神的自由	思想・良心の自由（19条） 信教の自由（20条） 表現の自由（21条） 学問の自由（23条）
	経済的自由	居住・移転・職業選択の自由（22条） 財産権の保障（29条）
	人身の自由	奴隷的拘束・苦役からの自由（18条） 法定手続の保障（31条） 逮捕に対する保障（33条） 抑留・拘禁に対する保障（34条） 住居侵入・捜索・押収に対する保障（35条） 拷問・残虐な刑罰の禁止（36条） 刑事被告人の諸権利保障（37条） 不利益な供述の強要禁止の保障（38条） 遡及処罰の禁止・二重処罰の禁止（39条）

平等権	法の下の平等（14条） 両性の本質的平等（24条） 教育の機会均等（26条） 議員・選挙人資格の平等（44条）
社会権	生存権（25条） 教育を受ける権利（26条） 勤労の権利（27条） 労働三権（労働者の団結権・団体交渉権・争議権）の保障（28条）
参政権	選挙権・被選挙権（15・44・93条） 公務員の選定・罷免権（15条） 最高裁判所裁判官の国民審査権（79条） 地方特別法の住民投票権（95条） 憲法改正の国民投票権（96条）
受益権 （国務請求権）	請願権（16条） 国および地方公共団体に対する賠償請求権（17条） 裁判を受ける権利（32条） 刑事補償請求権（40条）

表2　新しい人権一覧

新しい人権	内容の解説	判例の採用
プライバシー権	私生活をみだりに公開されない権利。憲法13条の「幸福追求権」を根拠とする。	○
自己決定権	個人が私的事項について公権力に干渉されることなく自ら決定することなく自ら決定する自由。憲法13条の「幸福追求権」から導き出される。通説では，プライバシー権の一種であると理解されている。	○
肖像権	写真・絵画・彫刻などによって，人が自己の肖像をみだりに撮られたり利用されたりしない権利。憲法13条の「幸福追求権」を根拠としている。	○
知る権利	国民が国政に関する情報の提供を求める権利。表現の自由（21条）を情報の受け手である国民の側から構成した人権である。	○
人格権	生命・身体・健康・名誉・肖像・氏名など，個人の人格に関わる利益について保護を求める権利の総称。名誉・氏名・肖像などを内容として含むが，これらは通常別個の人権として扱われている。	○

環境権	大気，水質，日照，静穏，景観などの環境を，人間の健康で快適な生活にとり良好な状態で享受する権利。良好な環境を邪魔されないという自由権的な側面は「幸福追求権」（13条）を根拠とするが，良好な環境の実現を国家に求める社会権的な側面は生存権（25条）を根拠とする。	環境権を正面から認めた判例はない。 ×
その他	日照権，眺望権，嫌煙権，喫煙権，入浜権などが主張されているが，判例はこれらの権利を正面から認めたものはない。	×

【参考文献】

山本克司『福祉に携わる人のための人権読本』（法律文化社，2009年）

浦部法穂『憲法学教室〔第3版〕』（日本評論社，2016年）

芦部信喜著・高橋和之補訂『憲法〔第7版〕』（岩波書店，2019年）

【コラム①】 生存権規定の歴史

　わが国の社会保障制度は，日本国憲法25条の生存権に基づいて構築されています。この制度は，社会保険（医療保険，年金保険，雇用保険，労働者災害補償保険，介護保険），公的扶助，社会保障，公衆衛生・医療から構成されています。医療の専門職は，生存権を具体化した制度のもとで日々，活動をしているのです。

　日本社会において生存権は，日本国憲法により初めて保障されました。日本国憲法は，戦後GHQ（連合国軍総司令部）により起草されたものですが，当初の草案には，生存権は規定されていませんでした。この人権を日本国憲法に規定するように努力したのが，森戸辰男（1888～1984）です。森戸辰男は，戦前ドイツに留学し，ワイマール体制下のドイツで経済学を研究しました。このとき，世界で最初に生存権を規定したワイマール憲法を学び，後に日本国憲法制定過程で，社会党の国会議員として生存権規定の導入に主導的な役割を果たしました。

　　　　　　　　　　　　　　　　　　　　　　　　　　　　　　　　（藤井徳行）

【コラム②】 個人情報としての「要配慮情報」

　医療関係者は，日常業務の中で患者さんのさまざまな個人情報に接します。情報の扱いを誤ると，患者さんは不当な差別や偏見など受け，社会生活から排除される危険性があります。特に現代社会が新型コロナウイルスの感染拡大に過度に過敏になっている場合には，十分な注意が必要です。

　「要配慮個人情報」とは，人種，信条，社会的身分，病歴等，その取扱いによって差別や偏見，その他の不利益が生じるおそれがあるため，特に慎重な取扱いが求められる個人情報を類型化したものをいいます。

　医療関係者がかかわる要配慮情報には，患者さんの身体障害・知的障害・精神障害など障害に関する情報，人間ドック・健康診断などの検査の結果，保健指導，診療・調剤情報などの情報が要配慮情報です。

　現代社会のようにコンピュータで情報が不特定多数に伝達される高度情報化社会においては，情報の漏えいは患者さんの人権・権利侵害を引き起こし，社会的排除につながる危険性があります。

　このような背景から，2017（平成29）年5月31日から全面施行となった改正個人情報保護法では，上記のような「要配慮個人情報」を取得する場合は，利用目的を特定し，通知または公表することに加えて，あらかじめ患者さんなど本人の同意を必要としています。

　情報は，私たちの自己実現（幸せの実現）にとって不可欠な表現の自由の動機を形成する根拠です。医療にかかわる専門職の方には十分に配慮していただきたいと思います。

　　　　　　　　　　　　　　　　　　　　　　　　　　　　　　　　（藤井徳行）

❷　医療・看護現場で役立つ倫理的アプローチ

キーワード

患者―医療者関係　　医療情報　　リテラシー　　牧師モデル　　パターナリ
ズム　　工学モデル　　契約モデル　　患者の権利章典　　自律性の尊重
自己決定　　インフォームド・コンセント

Ⅰ　患者―医療者関係について

1　はじめに

　この章では，医療や看護の現場でよくある倫理的問題に対処するための方法
の基本を紹介します。病院や診療所などの医療の現場を臨床といいますが，臨
床では，病人やケガ人は医療従事者（以下，医療者）と出会い患者さんと呼ば
れる存在になります。この新たな人間関係は「患者―医療者関係」といい，現
代医療の基本であり最も重要な人間関係です。患者―医療者関係という言葉に
は，次の意味があります。すなわち，①医療では患者さんが主人公であるこ
と，そして②医療は医師だけでなく，看護師や検査技師，薬剤師，社会福祉士
（MSW：メディカル・ソーシャル・ワーカー），臨床心理士，理学療法士・作業療
法士・言語聴覚士，医療事務職等々の多職種が連携するチームで営まれている
ことです。

　さらに広い意味で，患者さんをクライエント（ケアの依頼者），医療者をケア
テイカー（ケアラー）とみなせば，また養護や介護の福祉施設などで，高齢者
や「障害者」などのクライエントとケアを引き受けるケアテイカーの出会い
も，患者―医療者関係と同様の人間関係をつくります。ケアテイカーは，患者
さんや「障害者」というクライエントのヘルパー（援助者・支援者）でもありま
す。なお，この章で当事者という場合，クライエントとその家族だけでなく，

25

ケアテイカーを含む場合もあります。

　さて，どんなにすぐれた治療法でも，実際にそれが医療現場で実を結び，病み苦しむ人々に役立つかどうかは，ひとえに患者—医療者関係がうまく働くかどうかにかかっています。実際，患者さんと医療者は，しばしば病気や治療に関して違う考え方をしていますが，医学や看護の専門的知識が常に正しく，患者さんの素人考えはいつも間違いだと決めつけないで，患者さんの訴えに率直に耳を傾け，そこから治療や援助のニーズを引き出すのが優れたケアテイカーになる早道です。

2 「おまかせ」医療からセルフケアへ

　20世紀半ばころから，病気の主役は，結核などの感染症から，がん・心臓病・脳血管障害に代表される慢性疾患に移り，疾病構造は変化しました。それにつれて患者—医療者関係のあり方も変わったのです。感染症中心の時には患者さんは，医師に全面的に「おまかせ」するのが普通でした。しかし，慢性疾患では患者さんは半生を病気とつきあう状況となり，医者任せにせず，本人が，血圧や血糖値を目安に食事療法や運動療法をするなどして治療に参加するようになりました。

　こうして自分で自身をケアするセルフケアが必要になりました。近年，医師から治療の選択肢を示されると，患者さんが自分でも治療に必要な医療情報を把握し，自身に最適と思う治療を選択する姿も見られてきました。がんの場合も，患者さん本人に病名・治療法・予後（病気の経過や結果）について説明する機会が増えました。これはセルフケアの考え方が医療の中で評価されてきた結果といえます。

Ⅱ　患者—医療者関係をめぐる医療情報とリテラシー

　ここでは，患者—医療者関係をよくするコミュニケーションにとって重要な「情報」，「医療情報」，「リテラシー（知識と理解と技能）」について解説します。

　情報とは，判断し行動するために必要な知識で，ある物事の内容や事情について伝えるものです。それは意思決定の際の迷いをなくしそれを確実なものに

する助けとなります。医療情報は，患者—医療者間で交わされる「病名」「検査値・検査所見」「治療法」「薬」「予後」等々の単語やその指示内容のすべてです。医療人類学者アーサー・クラインマンの説明モデル（explanatory model）には，医療情報のまとめ方の要点が示されています。それは「この病気の本質は何か」「なぜ自分がその病気にかかったのか」「なぜそれが今なのか」「どんな経過をたどるのか」「自分のからだにどんな影響を及ぼすか」「どんな治療があるのか」「自分がこの病気と治療で恐れているものは何か」といった病気をめぐる一連の問いに患者さんや家族や治療者が当事者としてどのように考えているかを示すものです。

　情報リテラシーとは必要な情報を十分に収集し使いこなせる能力を指します。ですから，健康や医療に関するさまざまな医療情報を読み解き，意思決定に役立てる能力である医療の情報リテラシーは医療リテラシーと呼ばれます。医療リテラシーには，医療の文脈を理解しそれに対応する能力が含まれています。その能力の程度を識字度ならぬ「識医度」とするなら，医療リテラシーの内容と識医度は，臨床医学・看護の倫理，特に患者—医療者関係に大きくかかわっています。

　ちなみに，医療情報は「診療情報」ともいいます。日本医師会の「医師の職業倫理指針」には「患者の診療記録中に含まれる診療情報は，患者さん本人にとって最も秘密性の高い健康情報［医療情報］など」を指し，担当の医療者には法律上も倫理上も守秘義務があります。一方，患者さんに対しては本人の情報だから「医師は原則，開示請求に応じるべき」としています。

III　患者—医療者関係の〈PEC モデル〉

1　PEC モデルとは

　臨床の中で患者—医療者関係がうまくいくことは，よい治療結果にも結び付くため大事なことです。そのためには，患者さんと医療者間のコミュニケーションにおいて医療情報の共通理解が不可欠です。そこで，医学と看護の臨床倫理（臨床における生命倫理）では，患者—医療者関係をパターン化しそれを検討することが，両者のよりよい関係を築く手立てとなります。ここでは，その

パターン化の代表例として北米の倫理学者のロバート・ヴィーチやハワード・ブロディのモデルを元に，日本の現状に合う形で改良された「PEC モデル」を使って考えてみましょう。

PEC モデルでは，医療情報の理解と重要さ，説明モデルの違いなどから，患者―医療者間のパターンを 3 つに分類します。すなわち，「牧師モデル Priestly model」，「工学モデル Engineering model」および「契約モデル Contractual model」の 3 者です。その頭文字から PEC ですが，このモデルでは，外来や病棟などの 1 つひとつの場面で「患者―医療者関係」のパターンを識別し，もしそれが牧師モデルや工学モデルならば，さらによいレベルのパターンである契約モデルへと改善していくことで，患者―医療者関係の質の向上を図るという設計になっています。

2 牧師モデル

(1) 牧師モデルの特徴

(P) 牧師モデル (Priestly model) には，次のような特徴があります。

①医療者（このモデルではほぼ医師）は保護者としての親のように，患者さんは保護される子どものようにふるまう関係。旧来よくある患者―医療者関係であり，パターナリズム（温情主義，家父長主義）の特徴があります。開業医の中に見られるように，親役の医師は患者さんには人情味を示す側面があります。
②医師には，さまざまな裁量権（治療方針等の優先的な決定権）があります。患者さんは素人（非専門家）として医療行為全般を専ら医師に「おまかせ」します。
③このモデルでは医師が専断的に治療方針を決定する特徴があるため，情報開示をして患者さんの意思決定の意向を聞く必要性はないか乏しいものとなります。医師が患者さんにがん告知をさけ違う病名を告げたりしても「患者さんのためには嘘も方便」として正当化されます。

欧米では近代社会の人間は，自分のことは，他からの圧力や強制や誘惑によることなく（自律），自分で決めることができるという前提があります。これを「自己決定権」（第 I 章III 3 参照）といいます。通常，治療方法は複数あります。その選択肢の中から医師が最良と判断した治療法が，必ずしも当の患者さんにとってベストだという保証はありません。他の選択肢が患者さんのニーズ

に合うかも知れないからです。ところが，牧師モデル（パターナリズム）では医療情報として患者の判断材料となるはずの複数の選択肢が隠されてしまいがちです。医師の裁量のまま治療が進められ，自己決定権が保障されず自律が尊重されないことが少なくないのです。

(2) 牧師モデルの具体例

たとえば，牧師モデルでは，医師が，①処方した薬の効能や名前を患者さんに説明せず，患者さんもそれらについて尋ねることをしない場合，②検査・手術が，目的や危険性について説明せず，患者さんもそれを知ろうとせずに実施される場合，あるいは，③かつて，胃がんを胃潰瘍と説明して手術してきたように，がん患者さん本人に別の病名を知らせながらがん治療を進める場合など，医師が，必要な医療情報を開示せず治療を進めるケースは典型的な牧師モデルです。

他方，交通事故で出血したような緊急時や，意識障害の患者のように本人が必要な意思表示ができない場合には，当初はやむなく牧師モデル的対応になりますが，後日，意識回復し意思疎通が可能になったら，患者さんに説明や情報開示がきちんと行われるならば牧師モデルを超えたよい関係に進化させることができます。

患者—医療者関係のモデルを考える時に大切なことは，それは双方に責任があるということです。その評価は，患者—医療者間の相互行為の結果，良し悪しが定まるものであり，一般に医療者の一方，あるいは，患者さんの一方だけの評価では決まりません。たとえば，医師がどんな理由・状況でも患者さんに病名を告知しなければ牧師モデルですが，患者さんが，がんが心配で怖いから聞きたくないとして，医師に病名開示をくわしく求めない場合も牧師モデルなのです。

このモデルでは，情報が開示されにくいですが，がん末期の患者さんでも，医療情報の開示によって本当の状況を知れば病院で濃厚ながん治療を続け殺風景な病室で孤独な最期を迎えることなく，自分の一生にまとまりをつける臨死期（EOL：エンド・オブ・ライフ）をおくる別の選択も可能となります。ホスピスケアでも，がん告知の際に，前もって選択肢の1つとして開示される場合と，濃厚な集学的がん治療（手術・放射線・抗がん剤療法など）をやりつくした

後で，もう医療でやることはないなどといって寝たきりのままホスピスケアに回されるのとでは，患者さんの生存の質が異なるからです。

　医師や看護スタッフが「血圧の薬」「便秘のクスリ」「いつものクスリ」などと簡単に述べるだけで，処方した薬の正確な名前や詳しい効能や副作用を説明しなかったり，患者さんも医療者にそれが何かを質問しなかったりして外来での診療が完了する場合も，牧師モデルに相当します。やはり，医師は，このような間接的情報開示ではなく，患者さんに面とむかって直接，情報開示するほうが患者さんの理解が確実になるのです。

　1980年代ごろまで，わが国では検査や手術の前に，患者さんや家族から「その結果何が起ころうとも異議を申しません」といった承諾書を患者さんや家族からとる場合がしばしばありました。しかし，検査や手術の前の承諾書も，納得して検査や手術を受けるというところまでの約束であり，検査や手術の結果が予定通りにいかなかった場合には，状況が変わってしまったのだから，患者さん側には，その理由・今後の対策や経過・予後などについての医療情報を可及的速やかに知る必要や権利があり，当然，医療者側にはそれに答える義務が生じます。牧師モデルではこうした条件が満たされにくいのです。

(3)　意思決定における患者さんと家族の位置関係

　また，日本では，しばしば「患者さん本人不在」のまま入院中の方針が医療者と家族によって決定されています。これは，家族が「患者さん本人のため」を考えて忖度する「代理決定」の形をとっていますが，本人の明示的委託がない点が特徴です。日本では，治療上の意思決定が患者さん本人の専断的行為とはみなされず，患者さん本人と家族が一体化した「患者さんと家族ユニット」の行為とみなされがちです。そのため，一部の医師は，がん告知も家族に行えば完了と信じています。

　しかし，乳幼児でもない限り，未成年の患者さんにもできる限り説明し本人の承諾を得るべきです。これをインフォームド・アセントといいます。また高齢者でも，意志疎通が可能な限り，入院中の事象に関しては本人の了解のもとに医療行為は進められるべきなのです。しかし，病院によっては，入院中にもしものこと，すなわち，急変して心肺停止に陥った際にどこまで治療を行うかについて，「DNR」（Do Not Resuscitate：「蘇生術を行わない」）から，「フルコー

ス」（できる限りの蘇生術を行う）まで，家族の判断をもって本人同意と見なしているのが実情です。こうした人の専断事項にあたる深刻な問題でも，日本的死生観の文脈では，それを高齢の患者さんに尋ねることは家族からみても「酷だし縁起でもない話」と思われて回避されるのが実態です。

　しかし，このような「患者さん本人不在」の患者―医療者関係のパターンは，牧師モデルに他なりません。相手を形式的に気遣うあまり，医療情報を開示しないというのはまさにパターナリズムの一形態だからです。今日，日本でも「インフォームド・コンセント」という言葉自体は，ようやく人口に膾炙し，人々がよく使うようになってきました。一方，高齢者だが十分話ができる患者さんを蚊帳の外に置いて家族だけを集めて病状説明を行いながら，言質を残したくないのか家族にメモを取ってはいけないと指示する医師もまだいるくらいです。このように，患者さんの医療リテラシー能力を高めない牧師モデルは患者さん本人の支援とは程遠いのです。

3　工学モデル

⑴　工学モデルの特徴

　（E）工学モデル（Engineering model）は，20世紀半ば以降，現代までの医学の中ではよく見られるものです。近年，日本でも牧師モデルがもつパターナリズムの欠点が知られるようになり，医療者からの情報開示の割合が増えてきています。そのため，患者―医療者関係の主要な問題は，工学モデルへの対処策に移ってきました。

　工学モデルの患者―医療者関係では，以下が特色として挙げられます。

　　①医療者（特に医師）は，科学者・技術者・修理工のプロとして，患者さんは故障
　　　している自分の心身の修理を依頼するクライエント（依頼人）としてふるまう存
　　　在です。
　　②医療情報は，主に血液検査や画像診断などの検査データという「客観的事実」と
　　　そこから導かれる診断や治療法からなります。情報開示では，その治療法を誘導
　　　するかのような医療者本位の説明がなされ，それに説得された患者さんが書面等
　　　で同意する形式となります（説明と同意）。
　　③医療者の関心は，もっぱら患者さんの病気の部分にあり，医学以外の患者さんや
　　　家族の苦悩など，心理的・文化社会的・経済的問題等には関知しません。牧師モ

デルよりいわば人間味の薄いクールで覚めた関係となっています。

　この工学モデルでは，医療情報は組織や臓器に関する検査データが中心ですが，そのデータの成り立ちは「人間機械論」や「特定病因論」などの考え方に依拠しています。人間機械論とは，人体は器官や臓器という部品の集合体で，故障部品を修理し良い部品と取り換えれば病気は治るという考え方のモデルです。特定病因論は，現代医療の中心的な考え方です。病気はさまざまな条件が重なって生ずるものですが，その中の１つだけを解決すべき病因（病気の原因）として特定します。

　たとえば，結核では結核菌，ダウン症なら21番目の染色体のトリソミー，遺伝性乳がんなら遺伝子BRCA1/2の変異（変質）などを心身の故障の根本原因と見なします。複雑な病気の原因を単純化して１つにしぼってしまう考え方です。

　工学モデルの特徴はデータ中心主義です。工学モデルの患者―医療者関係では，患者さんに問診したり，視診・聴打診したりするなど，従来の身体所見のような質的データに比べ，より数値や画像による検査データ中心の情報管理がなされています。医療者も患者さんも，数値で測れない患者さんの主観的な苦悩よりも，数値や画像で「見える化」された「客観的データ」のほうが重視され信頼されるようになっています。

　工学モデルは，牧師モデルと違って，医療者が病気に関する情報を患者さんに情報開示する点は評価できます。ただし，そのやり方が医療者本位の情報開示であることが問題です。たとえばデータに基づく病状説明と診断，続いて治療指針の提案がルーチン的，形式的になされがちです。提示される情報の内容も，患者さん側が知りたい必要な内容とは限らず，主に医療者側の治療計画推進のためのものですが，一定の選択肢が挙げられ選択の幅が示されることもあります。また，中には，医療訴訟に対する保身から，専門用語を多用し，患者さんの理解を超えてもアリバイ的に医療情報や治療の危険性を事細かに挙げておく医師もいます。

　工学モデルでも，実態は，医療者側にイニシアチブ（主導権）が残されています。それは，医療者には，医療情報の正しい解釈や最良の治療法の選択は専

門家にしかできないという自負があるからです。情報開示は、「正しくて最良の医療実践」のためとされますから、患者さんへの説明もいきおい「治療誘引」的に、すなわち説得や誘導口調になりやすいのです。こうしてクライエントである患者さん側が医療者の提案に賛同すれば、医療者は治療能力のある専門家として治療を請け負います。ちょうど修理工が機械修理を引き受けるような形なので工学モデルと呼ばれます。

　このように工学モデルでは、医療者から情報提供があり、形式的には患者さんの自己決定の形をとりますが、患者さん側の選択は、専門家としての医療者本位の誘引による結果の場合が少なくありません。これでは、厳密には患者さんの自律性が尊重され、自己決定が保障されたのかどうかの疑問が残ります。

(2)　**工学モデルの具体例**

　次に工学モデルをとる医師の例をいくつか示します。医師が、①ちょっと正常範囲を超えた程度の高血糖や高血圧の人を、直ちに糖尿病や高血圧症と診断したり、そのうえ、食事療法や運動療法よりも優先して薬物治療を開始したりするような場合、②薬物治療の最中、患者さん側が苦痛を訴えているのに、よくあることとして耳を貸さず副作用を見逃すような場合、あるいは、患者さんが「胃が痛い！」と訴えているのに医学的にそんなはずはないと突き放すような場合、③検査データがよくなっているから良しとして、入院中の受け持ち患者さんへの説明を忘れるような場合、④全身に転移がある末期がんの患者さんに、緩和ケアを全く考えずに、ひたすら抗がん治療にまい進するような場合、⑤まだ実験段階で有効というエビデンス（確証）がない「がんワクチン」を「理論的」には予防可能として推奨するような場合、などが挙げられます。

　また、医師が患者をペシミズム（悲嘆）に陥らせる「医学の呪縛」も工学モデルです。統合医療の医師アンドルー・ワイルは、不治の病に苦しむ患者さん側の不満には情報開示の際に、医師から「これ以上できることはない」「悪くなる一方だ」「病気と共存するしかない」「あと半年のいのちだ」などと告げられたことを問題視しています。これらの言葉は患者さんの心を縛り悲観的にさせる「医療の呪縛」というべき力を発揮するのです。なぜなら、患者さん側は現代医療に全幅の信頼を寄せ、その専門家のいうことは絶対であるように信じるからです。なお、こうした「呪い」によるとされる悲嘆やその後の衰弱など

の背景には，視床下部や前頭葉に作用する自律神経系の失調などの生理学的メカニズムが関与するとされます。現代社会でも，病院や診療所でこうした呪いが毎日かけられるおそれがあるのです。

4 契約モデル

(1) 契約モデルの特徴

牧師モデルと工学モデルの両方の長所を生かし短所を除いたという意味で，理想的とされる患者―医療者関係のモデルが，次の「契約モデル」です。この場合の「契約」とは，対する当事者同士の合意に基づく医療行為という意味です。

(C) 契約モデル（Contractual model）には以下のような特徴があります。

①医療者（特に医師）＝援助者，患者さん＝自律した病者として相互の信頼の上に成立する契約的な患者―医療者関係です。医療行為に関して患者さん側の選択や決定の際に自律性が尊重されるモデルです。

②双方が「インフォームド・コンセント」に代表される患者さんの自己決定権を中心に，医療においては「義務と利益」および「意思決定の責任」を共有する形をとるものです。また，患者さんの自己決定権を保障するために，患者さん本位の情報開示が重視されます。この患者さんと医療者が意思決定を共有することはSDM（Shared Decision Making）とも呼ばれます。

③患者さんと医療者の両者が時間をかけて接点を求めつつ，患者さんにとって何が必要な情報で何が最良の選択なのかを探り合っていく援助の医療をめざしています。

このように契約モデルは，患者さんと医療者の双方が患者さんの「自己決定権」を中心として，意思決定の責任と義務および医療行為の結果から得られる利益を共有する患者―医療者関係です。契約モデルを実現するためのアイテムには次のようなものがあります。

▶ポイント整理◀

❶ インフォームド・コンセント（informed consent）

　これは，患者さんが，自分の病気に関する意思決定（自己決定）に必要充分な医療情報を得て深く理解したうえで，医療者の提案する医療内容（診断・検査・治療）に同意や拒否をすることが保障されるシステムです。医療情報は，医療者の解説ばかりでなく，患者さん側もインターネットや書物・ビデオ等の閲覧などによって幅広く収集します。そして医療情報の意味を熟知したうえで医療者側の提案に患者さんが同意することが「インフォームド・コンセント」です。熟知同意ともいいます。

　わが国では，工学モデルでみた「説明と同意」という誤訳が原因で，「医療者が説明し患者が同意すること」が誤って「インフォームド・コンセント」とよばれて流布しています。しかし，正確には，医療者が「情報開示」して，患者が「インフォームド・コンセント」するとすべきです。英語の「informed」は，よく知っている，熟知しているという形容詞で「情報を与えられて」では不十分です。

　また，患者さんからインフォームド・コンセント（熟知同意）を得ることは，医療者の行為を守るためでもあります。医療者の投薬や手術など他者に介入する行為は，患者さんの同意がなければ，本来，傷害に相当する違法行為です。しかし，医療行為は，患者さんという他者の治療という善行に相当するものだから便宜上違法としないことにされています。これを違法性阻却（第7章Ⅵ4(2)参照）といいます。したがって患者さんの熟知同意がない場合，たとえ医療者が医療的行為と考えていても傷害行為になり得ます。医療者が治療の前に患者さんからインフォームド・コンセントを得るというルールは医療倫理における重要な手続なのです。これは医療の大前提であると同時に個々の場面でも不可欠なことです。

❷ セカンド・オピニオン（第2の意見）

　これは医療上の意思決定で迷うとき，担当の医療者とは利害関係のない立場にある別の医療機関の医療者に同じ問題について相談し，熟知同意のため，多様な医療情報を得ることです。そこには，治療拒否をした際の予後（医学的な結果）について知ることも含まれます。牧師モデルや工学モデルならば「ドクター・ショッピング」などと称されて医者を信用しない「不届きな」行為とされかねませんが，セカンド・オピニオンは患者さんの正当な権利です。

❸ 翻意権

　患者さんは，いつ，どのような理由でも，医療者と交わした先の治療行為に関する決定や同意をくつがえし，別の選択（意思決定）をすることができます。翻意する（覆す）ことは望ましいことではありませんが，〈患者―医療者関係〉が上手くいっていなかった証拠です。この場合，患者さん側の理解が不十分だったとしても，まず医療者側に説明義務・責任（アカウンタビリティ）があります。ですから，翻意権は，医療者側の情報開示の在り方の再検討を促すものでもあります。

　〈患者―医療者関係〉で提供される医療情報には，次の３つのレベルがあります。

レベル①医療者の専門的な業務遂行に十分な情報

　ここには，病名，病状，服薬・手術などが必要な理由などが含まれます。

レベル②患者さんの理性的な選択に関する情報

　ここには，薬の副作用や手術の成功率，５年生存率等，医療行為の拒否に関わる不利益の評価についての情報が含まれます。

レベル③患者の非理性的な選択に関する情報

　ここには，輸血拒否など医療者からみて愚かとされる行為から予想される結果など，が含まれます。自律した個人には，喫煙に肺がんのリスクがあることを知りながらあえて禁煙しないといったような愚行を行う権利（愚行権）があります。

　牧師モデルでは，情報開示に乏しく，せいぜいレベル①止まりです。工学モデルでは，レベル①と②が不可欠ですが，レベル③まではしません。レベル③までいくなら契約モデルになります。

（2）契約モデルの具体例

　契約モデルの例としては次のようなものがあります。たとえば，①風邪で抗生物質の注射を要求する患者さんに，すぐ応じて注射するのは契約モデルとはいえませんが，医療者が，風邪の原因は，一般にウイルス性であり抗生物質は無効であること，また，自己治癒する病気であり，十分な栄養や休養で治るこ

となどの医療情報をきちんと解説し，患者さんも納得して同意するなら契約モデルとなります。

②宗教上の理由の輸血拒否の事例でも，牧師モデルでは，患者さんには輸血はしないと約束しておいて，実際の手術中必要となれば輸血されることはあります。一方，無輸血では手術は請け負えないと断るならば，工学モデルの対応となります。患者さんの希望通り無輸血手術を行なうなら，工学モデルか契約モデルとなります。ただし，その区別は希望どおりストレートに無輸血を請け負う医療者本位か，患者さんの立場に理解を示しながら，無輸血手術を試みる患者さん本位か，によります。

なお未成年の患児の場合，アメリカでは，医師の訴えに応じて裁判所が輸血命令を出すことがあります。患児が成人になって信仰を変える可能性がありますし，未成年の子どもがいる親の場合，裁判所が「輸血拒否」を自殺行為と認め自殺は違法で育児放棄にあたるといえるからです。これは患児の未来を考慮したもので，契約モデルに近い代理決定といえます。

③また，在宅であれ緩和ケア病棟（ホスピス）であれ，終末期におけるがん患者さんのケアにおける患者―医療者関係では契約モデルが理想的です。しかし，実際には患者さんに病名や予後を知らせず，医師と家族との間だけで緩和ケア病棟入所が決定される牧師モデルの場合も無くなってはいません。

5 患者―医療者関係 PEC モデルの利用法

これまで PEC モデルについて述べてきましたが，ここでは臨床倫理の諸問題の解決方法について簡単に示しておきます。このモデルでは，臨床で遭遇する個々の患者―医療者関係が牧師モデルか工学モデルか契約モデルの３つのパターンのどれかを判別します。もしそれが牧師モデルや工学モデルならば，最善のパターンとされる契約モデルに向かうように諸条件を改善するという戦略がとられます。

まず牧師モデルのパターンを考えてみましょう。ある事例の患者―医療者関係において，病名告知がなされないなど，患者さん本人にきちんと情報開示がなされていない場合は，基本的に牧師モデルと判断されます。近年でも，意識清明で意思決定が可能な患者さんでも，高齢者だからといった理由で，医師が

本人そっちのけで家族に情報開示し，両者の間で治療方針を決定することが少なくありません。家族が，落胆するといけないので患者さん本人に伝えないようにと希望する場合も同様に牧師モデルです。そういうケースでは，当人に情報開示し自律した正しい自己決定を保障するようにして契約モデルを目指すことが必要です。

　一般には，その事例で，当事者，特に患者さんが結果（帰結）に満足していないなら，決して契約モデルということはできません。どんなに医療者だけが満足していても，牧師モデルか工学モデルと判定されます。情報開示がないか乏しければ牧師モデルであり病名告知などの情報開示がなされていれば，工学モデルか契約モデルのどちらかです。この場合の見分け方は，情報開示が医療者本位か患者さん本位かという大前提から観て判別します。他方，当事者，特に患者さんが，結果に満足しているだけでは，必ずしも契約モデルが達成されていることにはなりません。なぜなら当事者が牧師モデルや工学モデルの場合でも，患者さんや家族が結果に満足するということが起こるからです。

　なお，同じ事例の中に，各モデルの要素が混在することもあります。その場合，どのモデルが重要な部分を占めているかが目安になります。いずれにしろ，各パターンを分析し，契約モデルに近づけるにはどこが欠けているかを判断することによって，臨床倫理の事例の多くで問題点を取り出すことが可能になるはずです。

IV　患者の権利章典

　ここで紹介するアメリカ病院協会採択の「患者の権利章典（A Patient's Bill of Rights）」（中川米造訳）は，患者―医療者関係を満足なものにする道しるべとなるものです。先述の契約モデルを実現するためのヒントが数多く含まれています。全12条の各条項は患者さんを主語としてその権利について記載されています。それを医療者側の義務と言い換えれば，患者さんの権利を守るためには医師を含む医療者がどのようにふるまえばよいのかについて役立つ秘策となります。以下，各条項を解説します。

> ① 「患者は，親切・ていねいな医療を受ける権利がある。」

（解題）この条文は「医師ないしは医療者は，親切でていねいな医療を行う義務がある」と読み替えることができます。以下も同様。

> ② 「患者は自分の診断・治療および予後に関し，患者に当然理解できる言葉で，担当医から完全な情報をうける権利がある。医学的に，そのような情報の開示が患者にとって不適切とされるときは，代わりの誰か適切な人にそうしなければならない。患者は自分の医療を管轄する責任者の医師の名前を知る権利がある。」

（解題）医療者は，患者さんに診断・治療・予後などに関して情報開示する際には，わかりやすい言葉で話すことが大切です。わかりやすくするためにイラストや映像，さらには絵記号，点字，手話や通訳者の参加，あるいはVR（バーチャルリアリティ）の三次元映像で見せることも必要です。「完全な情報」とは，患者さんが治療方針などの意思決定するにあたり必要十分なという意味です。情報開示というのは，単に患者さんの前で医療情報を開陳することではなく，患者さんが熟知同意するためには治療方針に十分納得してもらう必要があるからです。「そのような情報の開示が患者さんのためにならない」とは，患者さんが未成年であったり，動揺した状態にあったりする場合などで，患者さんに直接伝えることに問題があるなら，その患者さんの代理決定が必要になります。

> ③ 患者は，あらゆる処置や治療が始められる前にインフォームド・コンセントに必要な情報を担当医から受ける権利がある。緊急の場合を除き，インフォームド・コンセントのための情報は，それぞれの処置の説明に限定せず，それによっておこりうる医学的に意味のある危険性および，予想される行動制限の期間をも含まねばならない。診療に関して，医学的に他の方法も存在するとき，または，患者が他の方法についての情報を求めたときには，患者はそのような情報について知る権利がある。また，患者は，この処置・治療に責任をもつ人の名前を知る権利がある。

（解題）医療者は，処置や治療の前に，患者さんがインフォームド・コンセント（同意）するのに必要な情報を開示しておく必要があります。緊急で患者さんが出血している場合など，情報開示しインフォームド・コンセントを得る時間を省いて救急処置を最優先するのは止むをえませんが，対話が可能になり次

第，それまでの状況や経過や予後について本人に情報告知する義務があります。

> ④　患者は法律の認める範囲において治療を拒否すること，および，そのためにおこる医学的な結果を知る権利がある。

（解題）理想的な患者—医療者関係においては，患者さんの「愚行権」を認めることが前提です。医療者が医学上最善とみられる治療法を推奨することを考えるのが当然だが，患者さん側にとってそれが最善の選択とは限りません。患者さんは，手術や服薬の直前でも理由を問われずに治療の拒否権を行使することがでます。

> ⑤　患者は，自分の医療計画に関するプライバシーについてあらゆる配慮を受ける権利がある。症例検討会，顧問医の診療・検査および治療のあらゆる場合に秘密が守られ慎重におこなわれなければならない。直接診療に関係ない事項については，公表する場合に患者の承認を得なければならない。
> ⑥　患者は，自分の診療に関するあらゆる記録が外部にもらされないよう期待する権利がある。

（解題）医療者は，患者さんのプライバシー権（第Ⅰ章Ⅲ2参照）を守るため，個人情報は極力保護しなければなりません。特に院内の症例検討会やカンファレンス，さらには学会発表などで，個人としての患者さんのデータを使う場合，事例報告以外でも，患者さん本人の同意が必要になります。匿名にしていても，稀な疾患や難病などの患者さんは，いろいろなインターネットを含めた間接的だが広範囲の情報によって特定されてしまうこともあります。いくら医学的に貴重な症例やデータでも，当の患者さんの同意がない場合，公表は断念することになります。

> ⑦　患者は，病院のできる範囲において，病院の診療内容に関して要求して納得できる対応を期待する権利がある。病院は，その要求の緊急度に応じてそれを評価し，診療内容を高め，あるいは他施設へ紹介しなければならない。転院が医学的に可能でも，患者が，転院の必要性や転院しない場合の代案について完全な情報を与えられた後でなければ，他の施設に移送してはならない。転院を頼まれた側の施設は，それをひとまず受け入れなければならない。
> ⑧　患者は，自分の治療に関して，他の保健・医療機関や教育機関が，治療を受けている病院と関連がある場合，その情報を知る権利がある。患者は，自分の治療に関し，何らかの職能者が関与しているときは，その名前について情報を受ける

権利がある。

（解題）医療者は，自分の守備範囲や能力を超える病気である場合，可能な限り，他院に紹介したり，救急車等で転院させたりしなければなりません。当の患者さんが希望する場合も同様です。

> ⑨　患者は，病院側が，自分の診療に関連して人体実験［臨床試験等］を行なおうとするときには，それを知らされる権利がある。患者は，そのような研究計画に関与することを拒否する権利がある。

（解題）この場合の人体実験は，ナチス・ドイツや旧日本軍七三一部隊の行った非人道的な生体実験とは異なり，人権に配慮された実験を意味します。そのため日本では，人体実験とはいわず，治験とか臨床試験と言い換えていますが，同じことです。第二次世界大戦後，ニュールンベルグ綱領や1964年のヘルシンキ宣言を通じて，人体実験を受ける被験者や患者からは，事前に熟知同意を得ることが不可欠とされたのです。人体実験と聞くと眉をひそめる人もいますが，医学の発展のためには，人体実験は欠かせません。だからこそ，被験者保護のための自己決定権やインフォームド・コンセントの理念の普及が必要なのです。

> ⑩　患者には，自分の治療の一貫性を期待する権利がある。患者は，あらかじめ，診療の予約日時・場所を知る権利がある。患者は退院後，担当医またはその代理者から継続診療の必要性に関して情報を受けるための仕組みを病院が備えていると期待する権利がある。

（解題）治療の一貫性は大事な概念です。⑩条項の内容は，退院後の通院と指導も含め，日本ではおおむね実施されています。むしろ患者さんや家族が，「医者や看護師は忙しそうだから」などと思い込んで，医療者に遠慮してしまい，開示された情報についての疑問点を解明する機会を逃してしまう可能性があります。

> ⑪　患者はどこが支払うにしても医療費の請求書を点検し説明を受ける権利がある。
> ⑫　患者は，患者としての自分に適用される病院の規定・規則を知る権利がある。

（解題）日本では，医療費の費目や細目まで詳しく尋ねる権利があることはほとんど知られていません。

なお1992年に改訂された「患者の権利章典」の，主な変更点は次のようです。

> a）患者には，リヴィングウイル，代理人，永続的委任状（durable power of attorney）等の事前指示（アドバンス・ディレクティブ）を有する権利があること
> b）医療施設は患者にインフォームド・チョイスを行なう権利があることを助言し，事前指示があるかを尋ね，その情報を診療記録に含めなければならないこと
> c）患者には診療記録を閲覧し，その医療情報についての説明・解釈を求める権利があること

（解題）　a）b）の項目は，その後のターミナルケアや緩和医療の進展に伴い，欠けていた「事前指示」という患者の自己決定を定着させる必要から追加されました。そのためには医療者の側にも十分な情報開示と患者の事前指示という意思決定の尊重が求められます。インフォームド・チョイスは，インフォームド・コンセントと同じ内容ですが，医療的判断には複数の選択肢があることが前提となっています。c）は，最初の⑪項とつながる内容ですが，カルテ（診療録）は，元来，患者さんのものでもあるという認識が高まることになるでしょう。患者—医療者関係における医療者と患者の相互理解を深めるためにも，診療内容に関するコンサルテーションの窓口は必要なのです。

　また「患者の権利章典」の改訂版では，臨床の場では，医療者と患者さんのコラボレーションの必要性から患者やその家族・代理人が治療の過程に参加するよう要請されています。医療の成果に対する患者の満足度の向上は，患者さんら当事者が，次のような患者さん側の義務を果たすことにもかかっているとしています。

> a）過去の病気（既往症），入院，治療など健康状態に関する情報（既往歴）を医師または医療者に伝えること
> b）意思決定を効果的なものにするために，患者は，自分の健康状態や治療についての情報や指示が十分に理解できなかった場合，さらに説明を受けてはっきりさせておくこと
> c）明文化された事前指示の写しを病院側も保持していることを確認すること
> d）治療に従うことに懸念があるならば，担当する医師や他の医療者に，そのことを伝えるべきこと
> e）自分のライフスタイルが自らの健康状態に影響することを認識すること

（解題）日本でも，医療者の前に出るとおとなしく何も質問しない患者さんは少なくありません。改訂版が，わざわざ「患者の義務」を明記したのは，患者さん自身が，医療における「患者の権利」を理解し行使し，自らの治療過程に参画することが医療のリテラシーを高める第一歩となり，契約モデルという理想的な患者―医療者関係が目指す相互参加の医療の契機となることを意味しています。

　たとえば，病室で点滴を受ける際にも「この中身はなんですか？」などと，疑問に思ったことは何でも納得するまで聞くという態度が大事です。その一言で，点滴の取り違えなどの「医療過誤」を防ぐことにもつながります。また，患者さんが自分の症状や既往歴を十分に伝えることで，医療者の思い込み（誤診）を避けることができます。こうした情報交換が患者―医療者関係のレベル向上を促すのです。

【参考文献】
中川米造『医の倫理』（玉川大学出版部，1977年）
ハワード・ブロディ『医の倫理』（舘野之男，榎本勝之訳）（東京大学出版会，1985年）
グレゴリー・E・ペンス『医療倫理』（第1，2巻）（宮坂道夫・長岡成夫訳）（みすず書房，2001年）
板井孝壱郎・村岡潔編『医療情報』（シリーズ生命倫理学，第16巻）（丸善出版，2013年）
森下直樹編『生命と科学技術の倫理学――デジタル時代の身体・脳・心・社会』（丸善出版，2016年）

3 「老い」と「認知症」をめぐる倫理的課題

キーワード

高齢化　認知症　介護　終末期　延命処置　自己決定権　パター
ナリズム　事前指示　アドバンス・ケア・プランニング（ACP）　キー
パーソン

I　はじめに

1　「老い」とは何か

「初めは四本足で，やがて二本足，最後は三本足で歩く動物がいる。しかし
声は最後まで１つである。足が多い時ほど遅く，弱い。それは何という動物
か？」

ギリシャ神話に登場する怪物・スフィンクスは，通りかかる旅人を捉えては
このような問いを投げかけ，答えられなかった者を食い殺したそうです。この
問いの答えは「人間」です。理由は「幼年期は四つ足で這い，成長すると立っ
て歩き，晩年は杖をついて歩く」からです。スフィンクスの問いとは，この世
に生まれ，成長し，人生を謳歌した後，全ての人に待ち受けるのが老いである
という，人生そのものについての寓話に他なりません。

ここで，杖をついて歩く姿が晩年の象徴とされていることは，老いが不自由
と密接に結びついていることを表していると思われます。しかし，老いによっ
て失うものは力や健康だけではありません。時の流れとともに親や兄弟姉妹，
配偶者や親友と死別することは，かつての自分をよく知る人を少しずつ失うと
いう過程でもあります。一方で，１人の人間が老いるということは，周囲の者
にとっても一大事です。たとえば，親が老いて自ら動けなくなった時，その子
どもが何らかの試練に直面することは避けられません。社会や国家は，そこに

44

暮らす老人に援助が必要となった場合，簡単に見捨てる事は許されません。

　ところで，人が老いについて語るときには，若干のおこがましさが，どうしても付きまとってしまいます。なぜなら，「老い」という言葉のうちには必ず，語っている本人がまだ知らない意味が含まれているからです。人は，自分が一度も経験したことのない出来事を正しく想像することはできません。それは，人がこの世に生まれ，成長し，老いる，という過程が一方通行であり，決して逆戻りすることがないことと関係しています。実際に歳を重ね，老いたとしても，さらに老いた状態を想像するのは難しいということです。したがって，老いについて考え，議論する時は，それがある種の偏見のぶつかり合いに終始するおそれがあることに注意が必要です。

　老いについて考えるということは，人のもつ想像力の限界を試すということでもあります。スフィンクスに食い殺される旅人の物語が，「老い」という謎に答えられないまま死を迎える人間の運命を象徴しているのだとしたら，古代ギリシャ人の洞察は恐ろしく辛辣なものであったというべきでしょう。

2　高齢化する社会と世代間の不公平

　65歳以上の人口割合を「高齢化率」として定義すると，1950年の時点で4.9％だったわが国の高齢化率は1985年に10％を上回り，2016年には27.3％にまで上昇しました（平成29年版高齢社会白書）。人は一般に高齢になるほど身体の不調を来すことが多くなります。したがって，医療，介護，年金などの社会保障制度によって高齢者が従来通りの手当てを受給するためには，若年層の負担を増やすことが必要となります。言い換えると，高齢化率が上昇するということは，若い世代の負担が以前の世代と比較して重くなるということでもあるわけです。ここで浮上するのが「世代間の公平」の問題です。この問題をめぐる論争は，世代間における利害抗争の観を呈することも珍しくありません。

　わが国と同様，高齢化の著しい欧米諸国では従来，高齢者への医療を制限する試みがなされてきましたが，その多くは強い批判を受けて挫折を余儀なくされました。一般に「社会保障制度」は当初より，人間が生存を維持するうえで最低限の必要を満たすべく構築されているため，削減の余地を見出すのが難しいという性質があります。欧州連合（EU），世界保健機構（WHO）などの国際

機関は年齢による「差別」に反対しており，「医療を受ける権利は高齢者にも平等に保障されるべきである」と強調しています。

　一方で，「高齢者に社会保障の受給制限を設けたとしても平等の原則に反しない」と主張しているのがアメリカの生命倫理学者ノーマン・ダニエルズです。その根拠は，「仮に，若い時に多く受け取って晩年に少なく受け取るという制度が成立したとしても，1人の人生全体で見ると全員が平等に取り扱われていると考えることができる」からです。ダニエルズの洞察は，世代間の公平という問題について多くの人が抱く実感の本質を突くものといえます。なぜなら，「個々人の人生全体を比較することで平等が達成されているかどうかを問題にする」という思考方法は，じつは，私たちの日常言語の中で頻繁に登場するからです。たとえば「現在の負担に見合うだけの見返りを，自分たちは将来受け取ることが出来ないのではないか」，「自分たちは将来，現在の老人が受給しているのと同等の手当てを受け取ることは出来ないのではないか」という懸念は，若者が社会保険料の支払いに不満を抱く理由としての常套句となっています。これらの懸念を解消することは，今後，社会保障制度を維持してゆくためにも重要となりましょう。

Ⅱ　認知症の時代

1　「老い」と「認知症」

　老いにまつわる難問の1つが「認知症」です。そもそも，知的存在である人間にとって，自らの知的能力が損なわれた状態を想像することは容易ではありません。

　医学用語としての認知症とは，脳の病変のために判断力や記憶力などの「認知機能」に問題が生じ，日常生活に支障を来すようになった状態の総称です。認知症の原因はさまざまで，原因によって治療方針も異なるため，まずは正しい診断を受けることが大切です。たとえば脳梗塞や脳出血の後遺症として認知症を発症することがありますが，その場合は「脳血管性認知症」と診断されることになります。今や認知症の代名詞ともいうべき「アルツハイマー型認知症」は，大脳のうちでも新たな出来事を記憶として定着させる働きをする部位

である「海馬」や，物体の形状や位置関係の認識に関係する部位である「頭頂葉」が萎縮し，うまく機能しなくなることが特徴とされています。新たな記憶の定着に問題が生じるため，「最近のことを覚えていないのに，昔のことはよく覚えている」という現象がみられます。アルツハイマー型認知症と脳血管性認知症が合併することも多く，「混合型認知症」と呼ばれています。これら三者を合わせると認知症全体の7割以上を占めるとされています。

　65歳の時点で認知症に罹患している人は50〜100人に1人程度ですが，その割合は70歳を過ぎた頃から加速度的に上昇します。そして75〜79歳の約10％，80〜84歳の約20％，85歳以上の約35％が認知症に罹患していることが明らかとなっています。わが国における認知症の患者さんの数は2012年の段階で約462万人と推計されていますが，高齢者人口の増大にともなって，さらなる増加が予想されています（平成29年版高齢社会白書）。認知症に罹患するリスクを上昇させる要因として，糖尿病，高血圧，腎障害などの疾患や喫煙，運動不足などの生活習慣，遺伝因子などが知られています。

　これらのデータから分かることは，私たちが将来80歳まで生きるとすれば10％以上，85歳まで生きるとすれば20〜30％の確率で，人生最後の少なくとも5年間は認知症に罹患しているということです。これらの数字は，認知症になるまでに残された時間の目安としての意味ももっています。生涯認知症にならずにすむ人もいますが，実際にどうなるかはその時になるまで分かりません。災害への備えが「万一」のためだとすると，認知症の場合は少なく見積もっても「十分の一」以上です。したがって全ての人が，自分も認知症になる可能性があるということを，ある程度覚悟しておく必要があるといえます。

2　認知症についての誤解と理解

(1)　認知症への誤解

　認知症になると何も分からなくなってしまうと思っている人がいますが，それは大きな誤解です。たとえばアルツハイマー型認知症のせいで記憶力に問題がある場合，同じ事を何度も訊いてきたり，ついさっきの出来事を全く覚えていなかったりすることが目立ってきます。財布などをどこかに置き忘れるたびに誰かが持ち去ったのではないかと疑って，周囲の人が大変な思いをすること

もあります。これは「物盗られ妄想」と呼ばれる現象で、アルツハイマー型認知症と診断された人の3〜4人に1人くらいの割合で出現するとされています。

(2) 認知症への理解

　これらは一見，異様な言動のようにも思われますが，その理由を考えてみると大抵の場合，腑に落ちるものであることが分かります。まず，同じ事を何度も訊くのは，前回訊いた内容を忘れているからです。自分で財布を失くしておきながら周囲の人を疑うのは，「確かにしまっておいたはずの財布が無くなっている。もしかすると誰かが持っていったのだろうか」と考えたからです。奇妙な行動の外見だけに目を奪われていると，「もう何も分からなくなっているのではないか」と考えてしまうおそれがありますが，実際はそうではありません。それどころか，正常とされる人と大差ない推理力と喜怒哀楽を備え，我々と同じ心が宿っていると考えたほうが，真実に近いかも知れません。当然といえば当然のことなのですが，相手の失礼な態度に怒ったり，ちょっとした言い回しに深く傷ついたりすることもあるので注意が必要です。

　このことは，かなり重度の認知症にも当てはまるようです。奇声をあげて介護に抵抗するだけの状態と思われていた寝たきりの高齢患者に対して，介護者が礼節ある態度と挨拶を欠かさず，言葉にならないメッセージに耳を傾け，言葉をかけ続けることで，患者の笑顔だけでなく，言葉さえも回復することがあることが知られています。

(3) 認知症者との共感

　ここで1つ，忘れてはならないことがあります。それは，認知症者の頭の中には，たとえ最近数年間の記憶は残っていないとしても，認知症になるまでの人生全体の記憶が残っているということです。かつて少年時代や青年時代を送り，いわば「長いような短いような」人生を生き抜いてきた人物としての記憶は，いかに認知症が進行しようとも失われることはありません。認知症者は，新しい出来事を記憶できないことによって「現在との接点」を失うだけでなく，死別などのために自分の過去を良く知る人物がいなくなることで「過去との接点」も失いやすいという立場にいます。したがって，周囲の者が，あらゆる方法で，その人のことをより多く，より深く知ることが，その人の本来の姿

を取り戻すための糸口となるかも知れません。

　認知症者本人の意思や気持ちを尊重するための技法を体系化する試みとしては，イギリスのトム・キットウッドらによる「パーソン・センタード・ケア」，アメリカのナオミ・フェイルらによる「バリデーション」，フランスのイヴ・ジネストらによる「ユマニチュード」等が，多くの人に支持され，実践されています。

3　認知症者の自己決定とパターナリズムの問題について

(1)　「物忘れ外来」でのジレンマ

　「物忘れ外来」を受診する人の多くは，自身の物忘れ症状に気付いていないか，多少気付いていても特に気にしている訳ではないようです。ではなぜ医師のもとを訪れるかというと，大抵は本人ではなく家族が心配しているからです。「病識」のない本人を何とか説得したり，嫌がる本人を無理やり連れて来たりするようなケースも珍しくありません。

　物忘れの検査のために病院に連れて来たことを家族が本人に内緒にしていることが判明した場合，医師としては判断に迷うことになります。原則として，本人の意思に反する医療行為は倫理的にも法的にも許されないからです。とはいえ，本人を心配して苦労の末に病院まで連れてきた家族の気持ちを考えると，そのまま「お引き取り願う」というのはあまりに冷酷な対応という気もします。しかも，そのまま放置することで病気が悪化する恐れもあります。実際，このような場合は，本人には「血圧の検査をしましょう」等と嘘をついて認知症の検査を実施するケースも少なくないと思われます。

(2)　パターナリズムと自己決定

　この場面のように，本人の利益のために，本人の意思に反するような介入をすることは，親が子のために良かれと思ってする行為等になぞらえて「パターナリズム」（第**2**章Ⅲ2(1)参照）と呼ばれています。自己決定の機会が奪われるわけですから，本人からすると納得しかねる行為です。一般に，本人の選択を認めた場合に本人が取り返しのつかない損害を被る恐れのある場合や，本人の判断能力自体に問題がある場合には，パターナリズム的な介入が正当化されると考えられています。先ほどの例にあてはめると，物忘れ症状を放置すること

で取り返しのつかない損害を本人が被る恐れがあることや，すでに物忘れがあるとすれば本人の判断力にも問題がある可能性が高いということが，本人の意思に反して診療を実施することを正当化する根拠となるかも知れません。反対に，急いで治療を始めなくても後で埋め合わせが出来そうな場合や，本人の判断力が概ね保たれていて診療を望まない意思が真摯である場合は，本人の意思を尊重すべきであるという判断に傾くことになります。

　本来，「健康」と「自己決定」は次元を異にする利益ですが，実際にどのような選択をするか決めるに当たっては，パターナリズム的な介入をする場合としない場合とを比較して，これらの利益を全体として侵害する度合いが小さいほうの選択肢を採用することになると思われます。二者択一を迫られた場合に，それぞれの選択肢の多元的なメリットとデメリットを，あえて一元的に差し引きして比較するという思考法は「利益衡量」，「比較衡量」（第 Ⅰ 章Ⅳ2(2)参照）などと呼ばれ，倫理的ないし法的な一般原則を単純に当てはめて結論を導くことが困難な事例でよく用いられます。

　(3)　認知症と生活トラブル

　ところで，認知症の人が自分自身の物忘れを気にしないことが多い，ということは，独り暮らしや高齢者同士の世帯の場合にも問題となります。誰にも気付かれることなく認知症が悪化してゆく恐れが大きいということです。その結果として，家の中にゴミを溜め込んで近隣の住人とトラブルになったり，水道や火元の不始末のために大事故につながったりすることもあります。認知機能の障害のために自己または他人に危害が及ぶ恐れのある場合は，精神保健福祉法に定められた手続に従い，強制入院の対象とされる場合があります。しかし，近隣トラブルのような形で問題が表面化する以前に，高齢者の孤立を防ぎ，医療や介護による介入を早期に実現することが，本人だけでなく公共の利益の観点からも重要と思われます。

　(4)　「キーパーソン」という存在

　認知症になった場合に重要となるのが，日常生活のさまざまな場面で手助けをしてくれる人間の存在です。このような存在は，まず病院に受診する際に必要となります。病院側としては，本人に病識が乏しい場合に家族等から症状を聞き取る必要がある一方で，本人だけに検査や治療内容の説明をしても記憶に

残らない恐れがあることから，付き添ってくれる人が欠かせないという事情もあります。そのため現在の医療現場の慣行では，認知症者への治療として複数の選択肢からどれかを選ぶ必要がある場合，本人の意思表示だけでなく，付き添いの人の同意も得ることになっています。このような役割を求められる存在のことを医療機関では「キーパーソン」と呼んでいます。普通は配偶者や子など，親族のうちでも本人に最も近い立場にある人物にキーパーソンが求められます。

　ちなみにキーパーソンを引き受けてくれる親族がいないケースは，これから増えてゆく可能性があります。たとえば，老夫婦のうち一方に先立たれた側がいわゆる「独居老人」になり，やがて認知症を発症した場合に，誰が助けるのか，という問題が出てくることになります。「平成29年版高齢社会白書」によると，1980年の時点で，65歳以上高齢者のうち子の世代と同居していた人は69.0％を占めていましたが，2015年には39.0％に減少しました。同じ期間で，独居または配偶者のみと同居する高齢者は28.1％から56.9％に増加しています。

Ⅲ　認知症者の権利と介護者の負担をめぐる課題

1　「徘徊する権利」は認められるか？

　認知症者は，少し目を離した隙にどこかに行ってしまうことがあります。このような行動は「徘徊」と呼ばれています。徘徊中に大事故が起こる恐れもあるため，介護者からすると一大事です。しかし，勝手に歩き回らないように本人にいっても，まず効果はありません。周囲の者からすると理解に苦しむ行動ですが，本人にとっては，何らかの理由があってどこかに行こうとしている場合が少なくないようです。たとえば，忙しく仕事に打ち込んでいた頃の自分に戻って「出勤」しようとしていることもあります。90歳の女性が「お母さんが心配しているので家に帰らないと」といって介護施設から出てゆこうとすることもあります。よくよく話を聞いてみると，彼女はこの瞬間，少女の頃に戻っているようです。

　介護者が制止しても「徘徊」を止めない場合，患者さんを室内に閉じ込めた

り，鎮静剤などを使って強制的に動けなくしたりすることがあります。介護者の目が届かない場所で転んで大怪我をする恐れ等があるために本人保護の必要があることが，主な理由とされています。しかし同時に，徘徊中に第三者に損害が及ぶのを防ぐという公益上の必要性や，介護者が事故の責任を追及されるリスクを防ぐ必要性，さらには徘徊に対応するための介護負担を軽減しようという動機も含まれるため，これらの要因が本人の利益と対立しうることには注意が必要です。

　しかし仮に，「徘徊」がそれ自体として身体活動の自由を行使するものであるという側面をもつとしても，認知症の患者さんに「徘徊の権利」を認めることについては法律上のハードルが高いようです。徘徊中に他人の物を壊したり，他人に怪我を負わせたりする等，何らかの被害が発生した場合の第三者の救済が問題になるからです。ここで患者さん本人の責任能力が否定された場合は本人が賠償責任を免れる一方で，原則として「監督義務者」が責任を負うことになっています（民法714条）。たとえば付きっきりで介護に当たる者などが監督義務者と認定される可能性が高いと予想されます。そして介護者としては，常に患者さんに付き添う等の方法で徘徊中に事故が起こらないよう万全を期すか，そうでなければ患者さんの行動そのものを制限するかの対応を迫られることになります。前者の対応をするためには莫大な介護負担を覚悟しなければなりません。したがって現実的には，室内に閉じ込める等の対応をせざるを得ない場面が多くなると思われます。

　この問題については，2016年に重要な判決が下され，マスコミでも大きく取り上げられました。これは，愛知県で2007年，当時91歳の男性が徘徊中にJR東海の踏切に侵入し，列車にはねられて死亡した事件で，JR東海は列車遅延等による損害として約720万円を遺族に請求したというものです。一審二審は，遺族に監督義務者としての責任を認めJR東海側の請求を一部認容したのに対し，最高裁では遺族の責任が否定され，遺族側の「逆転勝訴」となりました。今回の判決によって，単に配偶者や子というだけでは監督義務者に当たらない一方で，日常生活でのかかわり方などから「監督義務を引き受けたと見るべき特段の事情」がある場合は監督義務者に当たる，との基準が示されました。この判例が社会に及ぼす影響として，介護を積極的に引き受けた者に重い責任を

強いることになって，身内の間で「介護の押し付け合い」を助長することになるのではないか，という懸念と，第三者へのリスクを恐れるあまり，患者さんに対する極端な行動制限を強いることとなるのではないか，という懸念が指摘されています。

　以上より，現時点で「徘徊に寛容な社会」を実現するのは法律上の限界もあって難しいと思われますが，これは社会全体の公平の見地からも仕方ない部分があるようです。そこで介護者が自分自身を守るためにはどうすれば良いかが問題になります。比較的確実で簡便なものとしては，介護者向けの賠償責任保険に加入するという方法があります。これは介護する者同士が，万一の場合の互いのリスクを分担するための知恵と考えることもできると思います。これに対して，認知症者が第三者に与えた損害は社会全体で分担したほうが公平であるという考え方が支持されるのであれば，被害者に対する公的な立替払制度や，介護者の賠償責任に関する公的保険に類する制度（介護保険をはじめとする何らかの公的保険によって賠償責任がカバーされる制度など）も検討の余地があると思われます。

2　自動車運転と認知症

(1)　運転能力と認知機能の関係

　認知機能の障害は，自動車を運転する時に問題となります。たとえば注意力の障害は，信号や標識，歩行者などを見落としたり，咄嗟の時に判断が遅れたり操作を誤ったりする原因となるかも知れません。空間認知の障害によって進路を誤ったり，位置感覚を誤って車を衝突させたりする恐れもあります。このような懸念から，大多数の医師は，自分の担当する認知症の患者さんが自動車を運転していることを知った場合，すぐに止めるよう説得せざるを得ないと考えています。しかし認知症の治療が，運転を断念することと引き換えになってしまうことに伴う危険性にも注意が必要です。その後，二度と診察に訪れなくなる人もいるからです。日常生活を続けるためには車の運転が不可欠だと考える高齢者は少なくありません。

(2)　運転を禁止されることによる不利益について

　多くの人が自動車運転の中止を躊躇するのにはそれなりの根拠があります。

たとえば，運転をやめることで従来の社会生活や人間関係が維持できなくなる可能性や，通院に支障を来すことで健康状態の悪化に拍車がかかる可能性が高くなります。うつ症状が出現するリスクが高まることも報告されています。家族としては送迎などの負担に加え，本人の精神状態や健康状態が悪化した場合には相応の対応を迫られることも覚悟しなければなりません。認知症によって個人が事故を起こすリスクがどの程度上昇するかという問題についても確固とした根拠がある訳ではなく，具体的にどのような検査をすることでどのような事故が予測されるのかは良く分かっていません。その一方で，もし運転を止めずに事故を起こした場合，いわゆる任意保険の約款によっては支払いが拒否される恐れがあるだけでなく，運転を黙認した家族や担当医の責任が追及される可能性もあります。もっと早くに運転を中止していたら起こらなかったはずの事故の被害者としては，金銭的にも精神的にも納得することは難しいかも知れません。このように，認知症者が自動車を運転することの是非をめぐっては，公共の利益と認知症者個人の利益との両立が課題となります。

(3) 高齢者の自動車運転は制限すべきか

　近年，高齢運転者による事故がマスコミで報道される度に，高齢者，特に認知症者が運転することに対する激しい非難が巻き起こるという現象が目立ってきました。加齢とともに認知機能に障害を来す人の割合が徐々に高くなることは動かしがたい事実ですが，警察庁がまとめた「平成29年中の交通事故の発生状況」によると，85歳以上の免許保有者10万人当たり事故件数は712.2件と16～19歳（1649.9件）の半分以下であり，20～24歳（979.7件）と比べても少ないことが示されています。したがって，高齢のみを理由に運転を制限するのは不公平といわざるを得ません。これに加え，認知症であることのみを理由として一律に運転を禁止した場合にも不都合が生じることに注意が必要です。なぜなら，認知症の診断に至らない人のうちには，安全に運転する能力が既に損なわれている人が相当数含まれていると考えられる一方で，認知症の診断を受けていたとしても運転能力に問題のない人が一定数存在するからです。そのため，英国，スイス，ニュージーランドなどでは実車による再試験制度が設けられており，そこで「運転可能」と判定された場合は認知症であっても運転する権利が認められることになっています。

わが国では2017年に道路交通法が改正され，75歳以上の運転者に対し，免許の更新時や，信号無視など一定の違反行為があった時に認知機能検査の受検が義務付けられることになりました。そこで判断力，記憶力の低下が判明した場合は専門医による診察が必要となり，「認知症」と診断された場合は運転免許の取消し等の行政処分の対象になります。このたびの改正では実車等による再試験制度は採用されませんでした。

個人が事故を起こすリスクを正確に評価し，運転の可否を公平に判定する試みは，ようやく端緒についた段階といえましょう。事故を防止しつつも，高齢者が自動車を運転する権利を不当に侵害することのないような制度への模索が続いています。

3 「家族の意向」と「本人の利益」は一致するか？

認知症が進行してくると，患者さんが自ら判断して治療方針を選択することが難しくなってきます。それとともに，家族ないしキーパーソンの意向が重視される傾向が強くなってきます。そして，その意向が本人の利益を正しく代弁しているかどうかが問題となることがあります。特に重大な局面となるのが，いわゆる「終末期」です。

とうとう死期が迫り，水や食事をほとんど口にしなくなったり，半分眠ったような状態になったりした場合には，栄養チューブを胃腸に挿入して「経管栄養」を開始したり，人工呼吸器を装着したりすべきか否か，という問題に直面します。これらの処置は「延命処置」と呼ばれることもあり，本人が拒否した場合は実施を控えるべきものとされています。ここで，死の直前まで判断能力に問題ない人の場合は本人の意思を直接確認することが出来るのですが，認知症と診断された人の場合は本人の意思表示の有効性に疑問があるとされるため，判断に困ることになります。結果的に，本人の意思や利益にかかわらず，家族の意向や医療・介護の現場の方針に左右されるという事態に至る可能性が高くなります。たとえば，食事の際に根気強く介助するだけの手間がかけられないという理由で，栄養チューブの使用が開始され，そのまま生涯にわたって継続されるケースもあるようです。

もし延命処置に関して本人が事前に書面で意思表示していた場合は，その内

容を尊重すべきです。しかし，それが家族の意向と一致しない場合にどちらを優先するべきかという問題が起こる可能性もあります。特に問題になるのは，本人が書面で延命を拒否したにもかかわらず，家族が延命を望んだ場合です。原則通りに本人の意思表示を優先すれば良いかというと，それほど単純ではありません。その理由は少なくとも2つあります。第1の理由は，本人の現在の意思が過去に書かれた内容のまま変化していないという確証が得られないことです。もう1つの理由は，いわば打算的なものです。つまり医療機関としては，本人が死亡した後で遺族との間でトラブルになるのを避けたいと考えるからです。結果として「家族の総意」またはキーパーソンの意向が優先される可能性が高くなります。ここで家族の希望が本人の「事前指示」に抵触したとしても，本人の理解者かつ代弁者としての判断が求められることに変わりはありません。しかし家族の事情としては，少しでも多くの年金を受給するために延命を望んだり，逆に，介護や医療費の負担からの解放や早期の遺産相続などの動機から延命を拒否したりする可能性も，無いとはいえません。

IV　人生の終末期に関する問題

1　自ら意思決定する能力が失われた場合への備えについて

(1)　事前指示

　人生の最晩年には，多くの問題に対して選択を迫られます。まず，残された人生を何処で，誰と過ごすのか，という問題があります。終末期において「延命処置」を実施するか否かという選択も必ず問題になります。たまたま胃がんなどが見つかった場合は，多少のリスクを冒してでも手術を受けるかどうかという選択を迫られることもあります。これらは，いずれも人間としての生存の根幹にかかわる問題なので，他人の考えを押し付けることが出来ません。しかし，いよいよ選択が避けられなくなったその時に，自分自身で判断できるだけの能力が保たれているとは限りません。

　将来，自ら意思決定する能力が失われた場合への備えとして，まず選択肢となりうるのが，あらかじめ書面に残しておくという方法です。これは「事前指示」と呼ばれています。問題点としては，書面を作成してもその通りにしても

らえるとは限らないこと，あらゆる場面を想定して事前に意思決定することには限界があること，書面の作成後の状況変化に対応できないこと，過去になされた書面の指示が将来の自分自身の意思に反する恐れがあること，等があります。

(2) 代理決定

「事前指示」の対極にあるのが，信頼できる人物に意思決定を委ねるという方法で，「代理決定」と呼ばれるものです。この方法は，受任者が常に本人の真意を理解しているとは限らないこと，難しい判断を迫られることが受任者にとって過酷な負担となりうること，本人との間で利益相反が起こる場合があること等が問題となります。

(3) アドバンス・ケア・プランニング（ACP）

これら従来の方法の限界を踏まえ，近年，欧米を中心に普及しつつあるのが，人生の終末に向けて本人や家族，法律・医療の専門家などが必要に応じ集まって会議を開き，医療や介護，生活全般の方針について話し合うという手法で，アドバンス・ケア・プランニング（ACP: Advance Care Planning）と呼ばれています。これは1990年代に，末期がんと診断された場合の終末期に備えるために欧米で始まり，ノウハウが蓄積されてきたものです。この手法の特徴は，意思決定のプロセスを重視することです。本人を中心として複数人が時間をかけて話し合いを重ね，考え方や目標を共有することで，本人の意思決定能力が失われた後も，本人の意向を熟知した複数人が意思決定にかかわることが可能となります。ACP のプロセスの一部として「事前指示」と「代理決定」が組み込まれることもあります。医療行為に関するキーパーソンと，財産関係の管理人ないし代理人を切り離しつつ，両者を ACP に組み込むことも可能です。しかし，認知症の場合は末期がんの患者さんの場合と異なり，意思決定能力が失われたとされる期間がきわめて長期に及ぶ可能性があることが問題となります。たとえば，ACP のプロセス自体が本人を精神的・社会的に傷つける可能性があることや，認知症が進行するにつれて ACP に基づく意思決定と本人の真意との乖離がだんだんと大きくなってゆく恐れがあることに注意が必要です。

2 「延命処置」の是非をめぐる議論について

(1) 医療技術の進歩と延命処置

　かつては，食事を摂れなくなったり，呼吸が停止したりした場合にはどうする術もなかったため，それが自然の死期と考えられていたのですが，医療技術の進歩によって事情が大きく変わりました。しかし，かつて「自然の死期」とされたものを超えてこれを延長する処置は「延命処置」と呼ばれることもあり，しばしば批判の的となっています。その典型が経管栄養や人工呼吸器です。

(2) 当事者尊重主義

　死を目前にした人の体のあちこちにチューブが挿入され，さまざまな機械に接続されている様子は，確かに異様な姿として目に映るかも知れません。その様子を見て「人間らしく死ぬ」機会を本人から奪っているのではないか，本人にとって無益な苦痛を強いているのではないか，本人だけでなく家族などの身近な存在にも苦痛を強いることになるのではないか，といった懸念を抱くのは，人間として自然な感情といえるでしょう。これらの懸念は，いわば「当事者の気持ち」に基づくものです。本人や家族の気持ちに着目する視点からは，その自然な帰結として，延命処置を行うかどうかは当事者の意思に一致することを目指すことになります。

(3) 功利主義からの主張

　一方で，「社会全体の利害」に基づく懸念もあります。たとえば，「延命処置」は医療費の浪費ではないか，という指摘は，社会全体の利益に着目したものです。このような立場からは，「延命処置」にかかる費用や人員を，もっと「有益な」分野に充てることで，さらに多くの命を救うことができるのではないか，という議論が起こることもあります。物事の善し悪しの基準として「ひとつの社会全体の利害」に注目する考え方は，一般に「功利主義」と呼ばれ，19世紀の初めに英国のジェレミー・ベンサムが体系化して以来，世界中に普及し，現在でも有力な考え方の1つとなっています。社会全体の利害に着目する視点からは，個人の意思とは別の問題として，「延命処置」そのものの是非が論じられることになります。

⑷ 「命の選別」という問題について

　「延命処置」の是非について，以上の議論とは全く異なる視点からの指摘についても触れておく必要があります。それは，「延命処置を控えるという選択は，人間のうちで生きる価値のある者とない者を選別するということを認めることになるのではないか」という懸念です。ここで登場する「命の選別」という問題は，高齢者の終末期に関する議論だけでなく，重度の障害者や障害児，植物状態に陥った人間の生存にも関係するため，生命倫理学における難問の1つとして知られています。「命の選別を許さない」という立場からは，「本人が延命を望むのであれば社会はそれを認めなければならない」と考えることになります。しかし本当の問題は，本人が延命を拒否した場合に起こります。そのような「意思表示」を社会は認めるべきではない，という考え方も成り立つからです。なぜなら，延命するかどうかが個人の選択に委ねられるのであれば結果的に，「社会に負担をかけてまで自分自身の延命を望む個人」に非難が集中するのではないか，という懸念があるからです。そのような社会の出現を恐れることには，それなりの根拠があると思われます。

V　高齢化社会の成熟期に向けて

1　要介護者の家族の人権について

　老いてゆく親の様子を実感した時，自分の心の中で親という存在がいかに大きなものであったか，という事に改めて気付かされる人も多いと思います。「平成29年版高齢社会白書」によると，75歳以上の介護保険被保険者のうち要介護の認定を受けた人の割合は23.5％，要支援の認定を受けた人の割合は9.0％となっており，合わせると3割強の人が何らかの援助が必要とされています。これらのデータを子の世代の視点から見ると，自分の親に介護が必要となる可能性を示す数字としての意味をもっています。

　従来，介護という営みは「介護を受ける側」の生存権（第1章I3参照）にかかわる場面として，国家や家族の責任が議論の焦点となってきたのですが，近年は，介護を必要とする者の「家族」の人権の重要性も認識されつつあります。自らの意思とは無関係に，何らかの対応を迫られる「親の介護」は，個人

に対して不公平で過酷な負担を強いる契機となる場合があるからです。ここでは，仕事や家庭の状況，経済状態などを考慮して，どの程度の負担であれば自分の人生に支障を来さないかを冷静に見定めることが大切です。「親のためにもっと出来ることがあるのではないか」という葛藤に苦しむこともあると思われますが，過大な負担を抱え込むことは，自身の暮らしを破綻に追い込むことになるだけでなく，ゆくゆくは親への虐待につながる恐れもあることに注意が必要です。親に対する子の振る舞いに対して「親孝行」あるいは「親不孝」などと周囲の者が軽率に評価を下すことは厳に慎むべきですが，当事者の側にも覚悟が必要です。なぜなら，どこまでの負担であれば苦痛を感じないか，という問題は，これまでの親子関係によって決まる部分も大きく，自分の気持ちは自分にしか分からないからです。兄弟姉妹がいる場合は，全員が親とともに集まり，話しあうことで，最善の道筋が見えてくる可能性が高まります。

2　高齢化社会の成熟期に向けての課題

わが国では2000年に介護保険制度が開始されました。この制度では，必要と思われる介護の量に応じて「要介護度」が認定され，「要介護度」ごとに定められた限度額の範囲で介護サービスが利用できるようになっています。家族にとっては，この制度のおかげで過大な負担から一定の限度で解放されうるという点も重要です。

社会の高齢化が進展する限り，さらに多くの人が介護し，あるいは介護される立場になるという世の中が進行してゆくことは間違いありません。その過程で，社会の姿も変化を余儀なくされることと思われます。そのような変化の中で私たちは，どのような文化を醸成させてゆくのか，という課題にも直面しています。たとえば，仕事のために時間を奪われて親を介護したくても出来ない，という状況があるとすれば，改善の必要があるかも知れません。これは，「介護保険」などの社会保障制度の整備に留まらず，労働規範の再構築なども含めた，ひとつの社会における価値判断にもかかわる問題といえるでしょう。

Ⅵ　まとめ

　社会の高齢化が進展する中で，従来あまり意識されることのなかった多くの問題が重要性を増しています。世代間の負担をいかに公平なものにするか，認知症者の人権と公共の利益をいかに両立させるか，介護を必要とする者とその家族の人権をいかに調和させるか，といった問題がその代表的なものです。これらの問題は，社会保障制度の構築に留まらず，どのような文化を醸成させてゆくのか，という課題とも関係しています。偏見や利害対立を超えてこれらの課題に取り組むためには，全ての人にとって「老い」や「介護」が自分自身の問題となることを踏まえつつ，真摯な議論を続けることが重要となります。

【参考文献】
上野千鶴子『ケアの社会学──当事者主権の福祉社会へ』（太田出版，2011年）
マイケル・サンデル『これからの「正義」の話をしよう』（鬼澤忍訳）（早川書房，2011年）
六車由実『驚きの介護民俗学』（医学書院，2012年）

4 先端的医療における倫理的課題

キーワード

Ｋアプローチ　Ｍアプローチ　SOL 倫理　QOL 倫理　人工妊娠中
絶　ショート・カット法　《We》/《They》二分法　トリアージ
類的病者論　医療情報　守秘義務と解除

Ⅰ　はじめに

　この章は，**2**「医療・看護現場で役立つ倫理的アプローチ」で示した基礎の
応用編です。医療現場では，効果が未確定な新治療法や薬物使用の特殊な事例
がしばしば現れます。巻末の「ケース・スタディ編」はそのトレーニングです
が，そうした倫理的問題の解法として，**2** の PEC モデルに加えて次の 2 つの
対比法も役立ちます。
(A)ＫアプローチとＭアプローチ
(B)SOL 倫理と QOL 倫理
　本章では，ハワード・ブロディの『医の倫理』に従って主にこの 2 つのアプ
ローチを事例とその解説を通じて学びます。なお，Ｋはイマヌエル・カント
の Kant から，Ｍはジョン・スチュアート・ミルの Mill から。

Ⅱ　ＫアプローチとＭアプローチ

1　Ｋアプローチ

　このＫアプローチ（ブロディの言う義務論的アプローチ）は以下の手順ですが，
多くの日本人になじみ深いやり方です。

(1)行いたい行為 X（複数可）を既存の規範（ルール，指針，ガイドラインなど）に照合し，適否を判断します。

(2)行為 X がその規範（照合体系）に合致している場合には，善き（正しい）こととして行為 X を実践します。

(3)規範と合致していない場合，行為 X は行わず，次に，規範に則したように変更した行為 X′（ダッシュ）か，新たな行為 Y を立てて，過程(1)に戻って規範と再照合します（フィードバック）。

　たとえば，日本産科婦人科学会・会告（指針）では，体外受精・胚移植を受ける者は既婚者でなければならず，非婚者は受けられないことになります。K アプローチは，通常の医療の倫理問題解決には適していますが，評価の未確定な先端医療・実験的治療の場合の倫理問題には不適です。また，K アプローチでは，M アプローチと異なり，行為／行動の結果よりも，その動機・意図が重視されます。

2　M アプローチ

　この M アプローチ（ブロディの言う目的論的アプローチ）は以下の手順ですが，多くの日本人が苦手とするやり方です。

(1)行いたい行為の選択肢 A，B，C ……（ふつう複数）を列挙します。

(2)仮に A，B，C ……のそれぞれを行った場合，各々の結果から生み出される価値大きさや幸福の度合い V（Value 価値）a，Vb，Vc ……を推測し列挙します（結果のリスト）。

(3)価値 Va，Vb，Vc ……を比較し善し悪しを検討し，その中で，当事者にとって最も望ましい選択肢（最も幸福が予想される行為）を最善のこととして採択し，実行します。比較がうまくいかないときは(1)にフィードバックします。

　たとえば，諏訪マタニティクリニック（根津八紘院長）は，「国民は自己決定権に基づき，生殖補助医療 ART を利用する権利がある」ので，K アプローチで禁止されている卵子提供や代理出産等も行えるとする M アプローチの立場です。

Mアプローチは，Kアプローチのような照合体系が確立していない先端医療・実験的治療の医療倫理の判定には有利です。行為・行動の動機・意図よりも，その結果・成果（幸福度）が重要視されます。

　次の【事例①】でMアプローチについて学びましょう。

【事例①】　投薬要求

　発熱，咳，鼻水，咽頭痛，下痢の症状のある5才の男児が両親に連れられて，あなたの小児科外来を受診しました。両親は「カゼをひいたので抗生物質を出してほしい」と希望します。診察の結果，子どもの病気はウイルス性のかぜ症候群と診断しました。しかし，抗生物質は，このウイルス性のカゼには効かないはずです。さて，あなたはどうしますか？

（注）ハワード・ブロディ『医の倫理』より改編

(1)　Kアプローチでは

　解法のヒント：両親の投薬要求に対して，まずKアプローチで考えてみましょう。「抗生物質は細菌に対する薬でウイルスには効果がない」という現代生物医学のルールを使って考えるならば，抗生物質を処方することはルール違反ですから，処方する行為Xは間違いです。したがって，あなたは処方しないことが正しいことだと判断します。

(2)　Mアプローチでは

　まず，この事例での最大の争点は，何かを考えます。それは「抗生物質を処方するか？　しないか？」です。

　そこで，次ページのような両選択肢に対する結果を予想した項目を，左右対比しながら，考える対照表を作成します。

　これらの結果リストは，重要だと思いつく限り（できれば5つ以上）挙げてください。医療的内容以外も挙げます。医療者チームで考えると偏りのより少ない結果が出せます。ちなみに，右列×8は「処方はしないが，患者さんの症状経過観察を続けることで（肺炎になるなど）悪化は防げる」などとすると，○8に変えることが可能になります。

　次に各予想結果の善し悪しを比較判定します。▶ポイント整理◀では，紙幅の都合上，既に○＝善し，×＝悪しで示してあります。

　そして，○の数を数えると，左列「抗生物質を処方する」は2つ，右列「処

▶ポイント整理◀ 「【事例①】に対する予想結果のリスト」

抗生剤を処方した場合
○1．両親は満足する。
○2．両親は，これからも子どもを連れてくるたびに薬をもらえると期待する。
×3．子どもは薬に感作し，アレルギー反応などの副作用をおこす。
×4．あなたは薬の正しい使い方に関して，両親の間違った考え方を助長する。
×5．この抗生物質に対する耐性菌をつくることになる。
×6．両親は，抗生物質が「風邪」には効かないと後で知り，不満をいだく。
×7．あなたは，自分の原則を放棄したことに不満をいだく。
×8．自然治癒するものについて処方するのは，医療資源を浪費（医療費の増加）することになる。

抗生剤を処方しなかった場合
×1．両親は満足しない。
×2．両親は，これからはあなたのところを再受診しない。近所でも悪口をいう。
○3．子どもは，副作用をおこさずにすむことになる。
○4．あなたは薬の適切な使用に関して，両親に医学教育を行ったことになる。
○5．この抗生物質の新しい耐性菌株の出現を防ぐことになる。
○6．両親は，不必要な投薬をしなかったあなたを見直し，再受診の可能性が生ずる。
○7．あなたは自分の原則に従って，満足する。
×8．診断が間違っていて，患者さんの症状が（肺炎になるなど）悪化する。

方しない」は5つ。したがって，Mアプローチでは「抗生物質は処方しない」行為を善として選ぶことになります。なお，○が同数になった場合は，結果リストの項目を増やすか，あるいは，各○について（＋）とか（＋＋＋）とか重みづけをして，（＋）の合計数を比較します。ただし，出した結論に対して，自分の倫理観とあっているかどうかをチェックすることも必要です。そして，自分やチームで出た結論に納得がいかなかったら，再検討すべきでしょう。

　この事例の場合，Kアプローチの結果と一致しています。おそらく，Mアプローチは，この事例のように通常医療の問題では両者の結果は，ほぼ一致すると考えてよいでしょう。ですから，Mアプローチの本領は後述の【事例③】のような，通常の医療ではない事例で発揮されることになります。

ちなみにMアプローチの予想結果のリストの作成には，次のアルバート・ジョンセンの「4分割法」の4項目「医学的適応」「患者の意向・選好」「生存の質（人生の充実度）」および「周囲の情況（バックグラウンド）」のやり方が助けになります。ただし，ここのMアプローチでは「患者の意向・選好」と「生存の質（人生の充実度）」は，「患者の意向と生存の充実度」と1つにまとめています。次の【事例②】を使って考えてみましょう。

【事例②】　家族から胃管栄養中止を求められた事例

　Kさん（男性，87歳）は，13年来，老健施設で暮らしています。6年前からアルツハイマー病と診断され，施設の担当医師から薬の処方を受けています。Kさんは8年前に妻と死別し，子どもはいません。親族は近くに住む弟R（82歳）とその娘S（56歳）だけです。Kさんは，先月，誤嚥性肺炎で近医に入院し，その後，肺炎は改善しましたが，嚥下障害が続き，経口摂取が困難になったため，胃管によるチューブ栄養が開始されました。

　今は全面介助の状態で，栄養チューブをよく自己抜去するため，両手は拘束の状態となりました。認知症も進み，意思疎通はほぼできません。抗生剤の点滴を日に2回受けながら（この時間帯も合計4時間ほど拘束が必要），ベッドで臥床したままの状態で過ごしています。

　弟Rは，娘Sと話し合った結果として「兄は寝たきりの妻を介護した経験から，延命だけのための治療は受けたくない」といっていましたので，胃管栄養を中止してそばで静かに見守りたいです。治療は最低限度の点滴でお願いします」と希望を述べました。無論，胃管栄養中止は餓死につながりますが，そのほうが自然だと考えているようです。

　この【事例②】をMアプローチで考えると，最大の問題点は「（YES）胃管栄養を継続するか，（NO）中止するか」となります。そして，（YES）と（NO）のそれぞれについて結果をシミュレーションしながら，結果リストを作り上げていきます。そして，望ましい結果（〇）が多いほうを選択することになります。4分割法の考え方は，そのリスト作りに有用といえましょう。

　①医学的適応

　ここでは1．診断と予後，2．治療目標の確認，3．医学の効用とリスク（根拠エビデンス），4．無益性（futility），5．医療事故，医療ミス，等々について医学的見解を規範（指針）として判断しMアプローチのための結果リスト

を挙げていくものです。この際に，医学的見解を最初から善だと想定してしまうと，Ｋアプローチになってしまいますので，要注意です。

▶ポイント整理◀ 「医学的適応」からのＭアプローチの結果リストのためのヒント（以下「結果リストへのヒント」と略）

❶ 寝たきりで，重い認知症で意思疎通がとれない中で，本人の利益を誰がどう代弁するか。また，その是非。

❷ 最初の肺炎後，嚥下困難が出現し経口摂取はできず胃管栄養となった。経口摂取への回復は可能か？そのまま胃管栄養は継続すべきか？ あるいは，胃瘻を造設するか？ （注）胃管栄養中止の場合，胃瘻を増設しなければ生命予後は週単位。胃瘻増設なら月単位〜１年くらい生存する場合もあります。

❸ （❷の問題に伴い），胃管や胃瘻のためには，四肢の抑制・拘束は必要か？

❹ 低栄養状態による胃瘻創部の感染，腹膜炎発症のリスクはあるか？

❺ 今後も，酸素吸入，抗生剤などによる標準的治療を行うかどうか？

❻ 呼吸困難が進行した場合，気管内挿管，人工呼吸器などの装着についての是非。

❼ 心肺停止時の蘇生措置（CPR）を行うかどうか？ 等々。

---

②「患者さんの意向と生存の充実度」

ここでは，１．患者さんの判断能力，２．情報開示と患者さんの同意（インフォームドコンセント），３．治療の拒否，４．事前の意思表示（Living Will），５．代理決定（患者さんにとっての「最善の利益」とは何か）などがテーマになります。そして，患者さんの生存の質の観念と（身体，心理，社会，スピリチュアルな側面からの）評価がテーマになります。誰がどのような基準で決定するか（偏見の危険性）や，何が患者さんにとって最善かの評価，選好の結果が，生存の質に影響を与える要因などについて挙げます。

▶ポイント整理◀ 患者さんの意向からの結果リストへのヒント

❶ 当事者Ｋさんに対するスピリチュアルなケアは行われているか？ たとえば，認知症の患者さんの身振りや目線をもちいたコミュニケーションを重視

するケアの技術であるユマニチュード技法は有効か？

❷ Ｋさんは，寝たきりでの治療や胃管栄養には否定的かどうか？ Ｋさんの
いったという「延命治療」をどう評価するか？ （注）以前にどう考えていた
かより，現在どう考えているかのほうが重要で，その尊重は最優先すべき。
事前指示（書類でも口頭でも）よりも，現在，意思が確認できるならば。

❸ Ｋさんには「寝たきりの状態で親族に迷惑をかけたくない」という思いが
あるとしたら，どうするか？

❹ Ｋさんに対して，医療スタッフや家族がどうしたら肯定的（ポジティブ）
に対応できるか？

❺ 医療やケアによって，認知症の状態は変わりうるか？

❻ 医療やケアによって，寝たきり状態や胃管栄養などの状態の改善は可能
か？

❼ 肺炎治療の点滴のための拘束は生存の質にどうかかわるか？

❽ 胃管栄養の中止について，本人が満足すると思うか，医療スタッフはどう
か，倫理委員会ではかるべきか？ 等々。

（注）上記の❸❹に関係しますが，特に日本の事情では，一見，患者さんと家
族が１つのユニットのように一体化している点に特徴があります。このジョン
センの４分割法は，主にアメリカで使われているものなので，家族は②患者さ
んの意向とは別の③周囲の状況に分けられています。日本では，それが明確に
区別できないので，家族の心配事も②に入れても構いません。

③周囲の状況（バックグラウンド）

ここでは，１．家族・関係者・医療スタッフ，２．守秘義務，３．経済的側
面，公共の利益，４．施設の方針，診療形態，５．研究教育，６．法律，宗
教，慣習・世間の目など，医療とケアだけでなく，それとは直接関係ないかの
ような患者を取り囲む社会的観点もテーマになります。

▶ポイント整理◀ 周囲の状況からの結果リストへのヒント

❶ 医療やケアで肺炎が完治すれば，認知症を受け入れる介護施設などへの入
所が考えられるか？

❷ 弟と姪の２人（家族の代弁者）は，胃管栄養を中止し，胃瘻設置も行わず

少量の点滴でのケアを希望しているが，その通りにした場合と，そうしな
かった場合の評価の違いは？

❸ 介護施設への入所がすぐには不可能な場合，精神科に転院する可能性もあ
るが，幸福度の違いは？

❹ 胃管栄養を止めた場合，Kさんの迎えるであろう死に方は，幸福度からみ
てどう評価できるか？

　従来，ジョンセンの４分割法では，４項目「医学的適応」「患者の意向・選
好」「生存の質」および「周囲の状況」について，ブレイン・ストーミング
（グループの皆で思いつくかぎりのアイデアを表現したり，その結果から考え方の方向
性をまとめたりすること）で得られた結果を箇条書きにして，それについてグ
ループや全体で総合討論することで結論を導き出すものです。しかし，こうし
た臨床倫理のやり方では，あながち「医学的適用」が「患者さんの意向・選
好」よりも重視されやすい傾向は避けられません。それは，多くの場合，それ
を行うのが患者さんや家族ではなく，医療スタッフであり，最初の項目に「医
学的適用」が挙げられているためといえましょう。したがって，案外，４分割
法の本質は，医学的適用を骨子としたKアプローチ（義務論的アプローチ）に
近いといえましょう。

　それに対して，目的論的アプローチを使って４項目の内容を同等に結果リス
トとして挙げるようにするならば，医学的適応を優先するようなことはなくな
ります。また，４分割法では，総合討論のやり方をコントロールする公準（や
り方の決まり，たとえばPECモデルやMアプローチなど）がないので，その場の声
の大きい医療スタッフの意見になりやすいので，Mアプローチでは，そのバ
イアス（偏り）も防ぐことができましょう。

Ⅲ　SOL倫理とQOL倫理

　ここでは，順にSOL倫理とQOL倫理の対比の仕方を習います。この対比
は，「脳死状態」や「植物状態」，新生児，あるいは，重度の認知症，ALS（筋
萎縮性側索硬化症）などの難病，精神疾患，などで意思表示ができないか，意思

表示ができても不十分な人の医療とケアの際の意思決定にとって役立ちます。臨床現場では，一般に医療とケアは，SOL 倫理の立場から行われていますので，ほとんどの場合は，問題が起こりません。

　ただし，前節の【事例②】のような場合，4 分割法の結果リストへのヒントにもあったように，治療中止などがテーマになるときに，QOL 倫理が適用されることが少なくありません。「脳死・臓器移植」の前提として「脳死状態」を「人間の死」としたのも，「延命治療」中止の問題にも QOL 倫理が深くかかわっています。しかし，この考え方は，人間の生命の価値が，人それぞれ（特に病状によって）異なるので，それに対応して医療やケアはしなくてよいとか，する場合でも手加減してよいとするかという点が，SOL 倫理とは決定的に対立しますので，適用には細心の注意が必要です。

1　SOL（生命の神聖さの）倫理

「SOL 倫理（SOL: Sanctity of Life）」次のようなもので，多くの日本人になじみ深いものです。（奥野満里子「生命の神聖さと生命の質」，加藤尚武・加茂直樹編『生命倫理学を学ぶ人のために』（世界思想社，1998年）より）

《1》人為的に人の死を招いてはならない。人が人を殺してはならない（正
　　　当防衛を除き）

《2》人の命は無条件に尊い。第三者が，その人の命に値打ちがあるかどう
　　　か問うことは許されない。

《3》すべての人命は平等に扱われるべき。ある人と他の人の生命の価値を
　　　比較することは許されない。人はそれぞれが他とかえがたい尊さをも
　　　つ。

　この SOL 倫理の立場は，患者さんの生命の価値は平等であり絶対的なものなので，人にどんな病気や障害があってもその人に対する治療行為の実践は，三徴候死（いわゆる心臓死）までは変わらず継続するものとする医療の基本原則です。

　それが20世紀後半になると，実験的医療であった「脳死・臓器移植技術」の発展を支援する必要から「世界医師総会」で死の判定時期の前倒しが行われました（1968年）。それ以降，従来の三徴候死以前の死の宣告をも可能とする「脳

死状態＝ヒトの死」とするルールが普及しました。その結果，心停止する前に心臓をはじめとする臓器摘出を可能としました。これが「QOL 倫理」（QOL: Quality of Life は一般に「生命の質」と訳）の考え方です。一方，その後，日本では「脳の低温療法」など世界のトップレベルの意識障害の治療法も進歩したために「脳死寸前の患者さん」の救命率も上がっています。このように50年後の今日では「死の定義」の見直しも必要になっていますが，「QOL 倫理」では脳死寸前の状態もパーソンではないとして，こうした意識障害の治療法を軽視する傾向があります。

2 QOL（生命の価値）倫理

臨床でよく使われる QOL は「生存／生活の質」を意味する絶対的な尺度ですが，他方「QOL 倫理」は相対的な尺度なので混同してはなりません。前者の「QOL＝生存の質」は，いわば，がん患者さん 1 人の治療結果を Before（治療前）と After（治療後）で比較してよくなったかどうかを評価するものです。他方「QOL 倫理」では，知能指数 IQ や偏差値のように複数の人同士を比較し，各々の「生命の価値」のランク付けを行うことが主な目的となります。

その結果，「A さんの QOL（生命の価値）は B さんの QOL（生命の価値）より低い。だから，A さんの治療は B さんより優先すべきだ」などの判断が許容されます。たとえば，SOL 倫理では「植物状態」も「脳死状態」も同じように尊い命であるとみなしますが，QOL 倫理では「生命の価値」は「植物状態」のほうが「脳死状態」より高いと判断されます。

3 トリアージ

災害時の三次救急で行われるトリアージも「生命の価値」倫理の考え方に相当します。赤ラベルの人の治療は最優先ですが，黄色や緑ラベルは順にその次で，三徴候死前の瀕死の状況でも黒ラベルとされると「死のレベル」とされて治療の対象外となります。災害トリアージは，緊急時でかつ医療者の人員が不足している状況では，瀕死の 1 人の救命に割かれる時間と治療人員を治療可能な患者さんに割いたほうが多数の救命につながるという「最大多数の最大幸

福」という考え方を基準にしています。一方，SOL倫理では，従来，災害時でも平時でも，ER（救急外来）に搬送されてきた場合は，通常は先着順ですが，瀕死の患者さんが複数でも最善を尽くすべきと考えます。

　ところで，もともとトリアージは，軍隊の負傷兵の治療の順番を決めるもので，災害トリアージと異なり，軍隊で最優先されるのは軽症や中等症であり，救命可能な重症者ではありません。軍隊トリアージの目的は，兵力をいかに補填し確保するかだからです。このようにQOL倫理の「生命の価値」の判断基準は流動的であり，多数の利益という大義のためには少数の犠牲はやむなしという理念に貫かれています。たとえば，「医療経済（医療費の無駄使い）」や「無意味な延命治療回避」など社会防衛（社会全体のためには個人の多少の犠牲はやむを得ない）の観点から，トリアージの黒ラベルに相当する患者（人間）がいるというのが「QOL倫理」の立場です。

　そのQOLの価値を決める説明体系の「パーソン論」では「生命の価値＝大脳の機能の存在」とみなし，それがある人は「パーソン（人格）」で，それが損なわれていれば「ノン・パーソン（非人格）」と機械的に分類します。「人格」とは「社会の構成員としての資格」を意味し，その限りで，基本的人権（特に生存権）が保障されます。たとえば，「脳死状態」も「植物状態」も大脳の機能が損なわれているとして，即「人格死」となり，基本的人権，特に生存権を喪失すること（つまり，治療は不要）になります。

　こうした「QOL倫理」のやり方は，「生命の価値」の差の範囲を拡張し，いわゆる障害児／者（知的障害，精神障害をもつ存在）をパーソンではないと判定し，その基本的人権，とりわけ生存権を否定する，優生学的理由にされる危険性が生じてきます。たとえば，認知症や，ALS（筋萎縮性側索硬化症）などの難病や，ダウン症などの人々は「生きている価値がない」といった観念は「QOL倫理」であり，従来の医療が前提としているSOL倫理の否定につながる生命観なので取扱いに注意が必要です。

　このSOL倫理とQOL倫理の対比法の観点から，次の【事例③】を考えてみましょう。

【事例③】 サイケビッチ氏の場合

　サイケビッチさん（67歳）は，重篤な知的障害のために，永年施設で暮らしてきたが，先日，急性骨髄性白血病（AML）と診断された。彼は，3歳児程度の知的能力のために生まれてこのかた施設で暮らしている。AMLは，化学療法を積極的に行えば，最長で一年余り寛解（完全治癒に近いがその後の再発のありうる状態）をもたらす可能性がある。激しい不快感と吐気を伴なう化学療法（抗がん剤治療）には数週間を要し，致命的な副作用をもたらす結果もありうる。知的障害のため，従来，意思疎通が難しく治療の協力がうまくいかず，おそらく抑制や拘束しなければ治療はできまい。

　しかし，治療しないと数週から数カ月後に肺炎などの感染症で死亡する危険性も高い。本人は，この事態を理解できていないが，施設のスタッフにはしばしば笑顔で対応している。

　　　　　　　　　　　（注）ハワード・ブロディ『医の倫理』より改編

　この事例への倫理的対応として，SOL倫理とQOL倫理の順に見ていきます。

(1) SOL倫理の立場

　この立場では，どのような生命の価値も平等・同等に扱うのだから，直ちに，化学療法を行うべきと結論することに，論理的および倫理的な矛盾は生じません。この事例で，治療すべきかどうかを少しでも迷う人は（Mアプローチの視点からは，その是非はともかく），次のQOL倫理に少なからず立っているということになります。

　一方，「脳死状態」をヒトの死とする立場は，世界の医学界では原理的には通例となっていますが，日本などの臨床の現場では，ほとんどが臓器提供の意思があり，実際に移植臓器の摘出が行われる直前にだけ「法的脳死判定」によって「死の宣告」が行われています。それ以外は，三徴候死まで入院加療が継続されることが少なくありません。この場合，前者は，明らかにQOL倫理の立場ですが，後者はSOL倫理の立場です。

　ちなみに，欧米の多くの国を除けば，植物状態を人の死とすることはほとんどありません。これはSOL倫理です。それに対して，有名なカレン・クィンランの事例のように植物状態だからとして治療を中止する場合はQOL倫理違反となります。こちらは「尊厳死ないしは消極的安楽死」などと呼ばれます

が，具体的には「薬はもちろん，栄養や水分摂取も中止して，病院内での治療行為中に餓死に至らしめるやり方です。SOL 倫理では，病院内で治療やケアのネグレクトによって死に至らせることは，業務上過失致死以上の違法行為とみなされます。また，医療者が何らかの形（薬やガスなど）で，患者（ほぼ健康な人でも死が間近な人でも）を死に至らしめる場合は「積極的安楽死」と呼ばれます。これも QOL 倫理違反です。SOL 倫理からみたら，いうまでもなく，医療者による殺人行為です。

　QOL 倫理の信奉者は，このような致死行為を「安楽死」という聞こえのよい言葉で「苦しんでいる患者を救う」ためのよい解決方法といいますが，EBM（根拠に基づいた医療）の見地からは，その患者さんがその死によって「安楽」になったか「尊厳をもって死んだのか」というエビデンス（根拠）は，むろん，現在の科学では証明できません。したがって，その行為は，問題の解決のための行為としても成立しません。「安楽死」「尊厳死」などという名称は誤解を生みやすいので避けるべきです。SOL 倫理でも同様に考えるので，こういう医療者による致死行為は，古くからのヒポクラテスの誓い（古代ギリシャの医の倫理）にも反する行為であり，何ら問題の解決にはなっていません。単に，その問題を消滅させたにすぎません。身内の「安楽死」「尊厳死」を認めた家族の心の中には，当座は安堵感を得ても，後年になって「自分が身内を死なせたのではないか」という後悔の念をいだくこともあります。

(2)　QOL 倫理の立場

　QOL 倫理には，SOL 倫理と異なり，さまざまなレベルがあります。必ずしも「QOL 倫理だから，即，治療しない」ということにはなりません。そこで，簡単に，次のように《QOL 倫理 A》と《QOL 倫理 B》とに分けてみましょう。

① 《QOL 倫理 A》の判断

　この判断では化学療法を行うことになります。サイケビッチ氏の QOL（生命の価値）は脳死状態や植物状態よりも高いとする立場から観ると，サイケビッチ氏は，人並みの生き方はしてきませんでしたが，施設のスタッフなどとの人間関係を通じて喜びも痛みも経験してきました。また自分自身という意識や感覚もあるとみなすならば，彼は，質は低いとしても人格的存在（パーソン）

です。ですからパーソンとしての彼には人権があり，生存権の保持者として治療を受ける権利があるからです。

この事例での迷いの１つは「苦痛を与える抗がん剤治療」は避けるべきという一見やさしい配慮です。しかし，副作用があるからやめるのであれば，すべての抗がん剤治療は成立しません。もう１つ「つまずき」となるが，拘束・抑制の問題です。確かに，知的障害で協力がうまくいかず，物理的に抑制・拘束しなければ治療はできない可能性はありますが，あくまでも予想にすぎませんし，小児や認知症の人への対応と同様，それをできるだけ抑制せずに行うのは医療・看護スタッフの工夫次第となるでしょう。もし抗がん剤投与時に抑制が必要になったとしても，それは点滴の１〜２時間程度でかつ週２〜３回が平均であり，毎日24時間を拘束・抑制するわけではありません。

②《QOL 倫理 B》の判断

こちらは，サイケビッチ氏はパーソンとは認めず，抗がん剤治療はすべきではないとする判断です。この場合，彼が３歳程度の知的レベル（IQ≒10 程度）という知的障害の要素が決定的となっています。なぜなら，知的障害がないとすると，単純に67歳の白血病の高齢者に抗がん剤治療を開始しないという選択はまずありえないからです。一方，３歳の幼児の白血病であっても，通常，小児科での治療は行われますから，この事例では，３歳程度の知的能力の67歳の知的障害者という要素が重なったためにパーソンではないという判断に至ったわけです。

医学的には抗がん剤治療が適用とされる，この事例でも，本人が意思表示しないできない場合には，「QOL 倫理」の下では，代理決定する人が「自分ならこんな状態で生きていたくないし，生きていても不幸であるといった，自分の思い込み」を対象者の意思に投影させて，そう決めつけてしまうきらいがあります。この事例の元の実例では，そのような「QOL 倫理」の立場の医師がヒアリングで化学療法に反対し化学療法はしないと決定されました。その根拠は，判断能力のある成人なら「無駄な生命延長治療」を拒否する権利があるはずだから，この患者さんに判断能力があったとすれば「治療を拒否する」に違いないという一方的な理屈で治療の必要性を否定したものです。その結果，現在の日本では考えにくいことですが，化学治療は行われずに，白血病が進行

し，予想通り，数カ月後にサイケビッチさんは肺炎で死亡しました。こうした理屈は初めに非治療の結論の正当化があり，決して本人の意思とはいえないのです。

以上【事例③】を SOL 倫理と QOL 倫理の対比法で観てきましたが，いわゆる「延命治療」に関する倫理問題も，この対比法で対処可能です。一般に「延命治療」という言葉は否定的なニュアンスで使われますが，いわば，医学・医療で行なう治療は，実はすべて「延命につながる治療」というべきです。それをなぜ末期など特別な場合だけ「延命」を強調するかを考えると，そこにはすでに価値の高い生存と価値の低い生存があり，価値の低い生存には医療は無駄だという，QOL 倫理の先入観が入り込んでいるからです。ですから，SOL 倫理では，末期の場合でも，最期まで治療や手当や寄り添う手を納めることはありません。たとえ最期のひと時でも当事者はそこに永遠の価値を見出すことができるからです。一方，QOL 倫理では，一般に「生命の価値」は「意識（大脳の機能）があって，寿命が長いこと」が不可欠ですから，それ以外の生存の維持は無駄とされるのです。

したがって「延命治療の是非」は，SOL 倫理では問題になりません。通常通り，三徴候死に至るまで手当は続けられます。ちなみに，がんの末期の患者さん本人や家族などの周囲が死期を悟っている場合，近年は静かに看取りが行われます。その患者さんが心停止しても心肺蘇生術は行いません。これは「延命治療」とはいえないものです。これを指して「延命治療」に反対だとする QOL 倫理の支持者の批判は誤りです。

Ⅳ　人工妊娠中絶

1　人工妊娠中絶

人工妊娠中絶（以下「中絶」）は，医療倫理でよく問題にされます。たとえば，出生前検査で，胎児にダウン症などの染色体異常があるとされた場合，いわゆる「障害新生児」を生まないために中絶するかどうかの是非が議論されます。この場合も SOL 倫理と QOL 倫理の対比法でのアプローチが可能になります。次の事例を考えてみましょう。

【事例④】　中絶

　　Aさんは22歳女性で看護専門学校3年生。24歳の音大生Bさんと付き合っている。目下，病院実習で産科をまわっている。そこの産科医Cに相談し，調べたところ，妊娠10週目であることが判明した。相手はBさん。Aさんのいとこの1人（18歳）がダウン症であることを産科医Cに話すと，出生前診断（胎児診断）を受けるよう勧められた。

　　各当事者の想い：

　　次のような各当事者の想いを想定することもヒントになります。

Aさん：出産は望んでいる。しかし，検査（出生前診断）で異常が見つかったら，育てる自信がなく，人工妊娠中絶を考えてしまいそう。目下，出生前診断を受けるべきか迷っている。

Bさん：検査は受ける必要が無い。どんな子でも良いから出産してほしい。

Aさんの父親D：お互い学業もあり，経済的に自立もしていないので，まだ早いと出産には反対。

Aさんの母親E：ダウン症児を苦労して育ててきた親戚を見ているため，娘にはそんな苦労をしてほしくない。検査を受けて，染色体異常があれば出産は考え直した方がいい。

産科医C：医学的見地から，胎児の遺伝的状態を知るためにも検査を受けた方がよい。

　　　　　　（注）赤林朗・大林雅之編著『ケースブック医療倫理』より改編

　この事例は，Aさんと産科医Cとの間に患者—医療者関係が成立していないため，PECモデルは解決法としては使えません。また「ダウン症」にどう対処すべきかということについては定まった医学的ガイドライン（ルール）は確立されていませんので，KアプローチよりもMアプローチが適法といえます。

　この場合，A〜Eまでの気持ちが，医学的にだけでなく社会的通念や道徳的規範にあっているか，あるいは，はずれているかなどの検討が必要です。たとえば「死にたい」と患者さんが言っているとしても，うのみにしてはいけません。むしろ，その人にそう言わせている要因を探ることが必要です。

　この事例の場合，多くの人が結果予想リストの対立事項に(I)「検査をうけるかどうか」と(II)「中絶するかどうか」のどちらを優先するかに悩むかもしれません。Mアプローチは，結果論（成果主義）なので，仮に(I)で仮に受けると

なったとしても，その結果が染色体異常と出ても出なくても結局は(II)の問題に行き着くので，(II)の結果リストの中に(I)の項目を入れるのが早道です。

この【事例④】ではダウン症のような染色体の数の異常が遺伝性疾患のような扱いになっているので要注意。この疾患の原因は，専ら配偶子ができる際の減数分裂の事故であり高齢出産などでリスクが高まるものです。したがって，親戚に起こったからといって，Aさんに染色体異常の検査をするのは過剰検査の恐れがあります。

結局，胎児を中絶すべきかどうかという議論は，SOL倫理の立場では問題になりません。どのような状況であれ安産をもたらすようにケアをするのが医療と考えますので。したがって，中絶の是非を考えるのはQOL倫理のMアプローチです。なぜなら，中絶とは，生まれてくる人間を，何らかの理由をつけてパーソン（人格）のレベルから降格させることで成立するものですから（ただし将来的に胎児の病気の治療が可能になればSOL倫理の問題にもなりえます）。

2　母体保護法

母体保護法（1996年）では，中絶は「胎児が，母体外において，生命を保護することのできない時期に，人工的に，胎児及びその付属物を母体外に排出すること」で，遺伝性疾患，強姦を理由とするほかに「妊娠の継続または分娩が身体的，または経済的理由により母体の健康を著しく害するおそれのある場合」には，妊娠22週未満（胎児が母体外において生命を継続できない時期＝胎児の子宮外生存可能性がない時期）の中絶は許されるものとされています。

一方，カトリック（キリスト教徒の厳格な立場）では，生命のこと（生死や病気の経過）は神が決めることで人が決めるということではないという原理原則を立てていて，「胎児の発育のいかなる時点における中絶も罪なき人間の生命を奪うこと」だから，妊娠以外の子宮ガンなどの間接的原因で母体が危険になった時を除き，多くの場合，どのような理由での中絶も道徳的誤りとされていて，レイプで望まぬ妊娠をした女性が中絶のために国外に出ることもあります。

アメリカでは（1973年，アメリカ連邦最高裁），三期説をとり，(i)最初の妊娠3カ月目までを第1期として中絶の自由を認める（妊婦女性のプライバシーの権

利），(ⅱ)中間の第 2 期は，母体の健康保護のために中絶を法的に制限することも可とし，(ⅲ)胎児の対外生存可能性の発生する第 3 期は，原則的に州法で中絶を禁止するようにしています。20世紀後半の女性解放運動（フェミニズム）の立場からは「産むか産まないか」を決めるのは女性固有の権利という「中絶容認の選択権尊重（プロ・チョイス）」派の主張も現れました。対する中絶反対の生命尊重派（プロ・ライフ）も依然，存在します。この対立は，アメリカでは政治的対立（民主党 vs 共和党），階層的対立（高所得層 vs 低所得層），地域的対立（北部と南部）にも反映されています。

3 中絶についての学生の意見

中絶についての看護・福祉・医学部の学生の平均的な意見には，たとえば，以下のものがあります（解答例です）。

〔A1〕中絶は，基本的には認められないが，母体保護あるいは「レイプなどの不可抗力による希望しない妊娠」の場合は，医療者・妊娠者と家族・関係者などの当事者同士でよく話し合って（母体保護法の範囲内で）決める。

〔A2〕最終的には，やはり A さんが自己決定する。この事例では，中絶しなければならない決定的な理由は見つからない。B 君が働くなどして親の手を借りず，A さんは大学を休学して 1 ～ 2 年間子育てをすることも可能だし，いったん施設に預けてできるだけ早い時期に引き取ることも可能である。少なくとも，胎児を殺す必要は全くない。そうした真剣さを見れば親も理解を示すかもしれないし。

〔A3〕医療者は，いたずらに中絶の方向にもっていかない。こういう事例は，少なくないことを教える，等々。

M アプローチで重要なことは，当初から，対立事項のどちらが正しいといった先入観を避けながら，当事者（この場合は特に A と B と胎児）がとりうる選択肢を，常識ではありえないということでも，できる限り探し出し，シミュレーション（思考実験）し，よく考え，どうしたら当事者が幸福になれるかという道を探りつつ選択することなのです。

たとえば，どうして学生同士が結婚してはいけないのでしょうか？　また学生のうちに子どもをつくると問題なのはなぜでしょうか？　なぜ経済的に自立していないと結婚してはいけないのでしょうか？　親や第三者からの資金援助はなぜいけないのでしょうか？　おそらく「いけない」と言う人に万人が納得する完璧な理由はないはずです。せいぜい「常識」や「伝統」を理由にするくらいで，これまで，他の人がそうしてきたから踏襲すべきという程度のものに過ぎません（むろん，Kアプローチではその秩序が効いてきますが）。

4　中絶にまつわる通常ではない代替的選択肢

　カトリックではレイプされて妊娠した子でも中絶できないことや，一方，フェミニズム側は産むか産まないかは妊婦に自己決定権があると主張していることは先述の通りです。それは歴史的に女性が獲得した人権ともいえますが，命の灯を消される胎児には何か罪があるかという問いの立て方もできます。カトリックの一見，酷な決まりにも一理あるのです。しかし，当該女性がレイプで生まれた子供を母親として育児にあたることは心理的に望ましいことでもないでしょう。そのために一般的な選好は中絶へと向かうのですが，中絶の過程で，世界的には妊婦が障害を負ったり命を落としたりすることも皆無ではありません。少子化が進む日本では，2019年の妊娠数約102万件の内，中絶された胎児数は16万人（15.6％）を占めています。一方に少子化があり，他方に中絶があるという矛盾は上手に解決すべき問題なのです。

　ですから，中絶はせずに産み落としても，育てるのは他の養父母や施設で行うという選択肢も用意されているわけです。近代国家・社会では，子どもは決して親固有の持ちものではなく，社会の将来を担う社会的存在でもあり，大切な宝ものでもあるのです。国家予算を用いて義務教育や他の手厚い保護がなされているのもそのためです。

　たとえば，産みの親と育ての親が違ってもよしとする親子関係のあり方が普通に増えてくると，中絶の件数はさらに減少する可能性があります。この場合，親は必ずしも，父親役と母親役の二親とは限らず，3人以上でもよいことにすれば，新たな選択肢も増えることになります。

V　倫理のショート・カット法と《We》/《They》二分法

　これまで述べてきたアプローチは，急がずゆっくりと時間をかけて行うのが原則ですが，臨床では倫理的課題の判断が急がれる場合などで，便利なやり方にショート・カット（近道）法があります。これは，もし同じ事例の当事者が自分や身内だったらどうしてほしいかを立場を変えて考えるやり方です。このアプローチでは，結論は比較的速く得られます。もちろん，熟考していないので，その結果がベストかどうかの保証はありませんが，少なくとも自分や身内と同等の対応が可能となり，自分が嫌と思うことを当事者に押し付けることは避けることができるでしょう。当然ながら，医療者には，立場変換能力（相手の身になって考える能力）が求められます。

　この背景にある論理が《We》/《They》二分法です。これは日頃よく見られる〈身内〉対〈他人〉という分け方で，一般に，自分や身内を他人より大切にする傾向があります。ショート・カット法は，この立場を逆転することで他者に身内同然の「善行」が施せるとするアプローチです。

　《We》/《They》二分法が端的に現れるのは，人間以外の動物界でもみられるように，親子関係です。先述のレイプの例以外でも「自分の意に反した子ども」が忌避されるのは，この二分法によって《They》側とみなされるからでもあります。なお，《We》/《They》二分法は，フラクタル（全体の形が部分の形と同じ）図形的な傾向があり，同じ親族という空間でも，〈近い親戚〉対〈遠い親戚〉に，同じ家族であっても〈自分〉対〈兄弟姉妹〉，〈自分〉対〈祖父母〉な関係が展開されます。また，この二分法は，自分自身の〈体内〉対〈体外〉にも適用されます。文化的慣習の〈キレイ〉対〈キタナイ〉の対比もこの二分法に属するもので，〈口腔内の唾液〉はキレイでも，それが口からペッと出されたツバはとたんにキタナイものになります（なお細菌学的にみれば，前後の唾液は，同一のものなのに）。ですから，この二分法はどんな人間社会でも「男と女」「白人と黒人」「日本人と外国人」のように仕分けすることで差別や格差という倫理的社会的問題を生み出す元にもなっています。

　ART（生殖補助技術）を使う「不妊治療」でも，《We》/《They》二分法が

「血のつながった我が子」という信念を形成しています。この「実子」という概念は，19世紀以前は夫婦間の判断で決まるような緩いものでしたが，20世紀以降の遺伝学的知識の展開に伴い，血液型や遺伝子 DNA で鑑定される「厳格」なものになりました。〈養子〉は，他人からの変形に過ぎないので〈実子〉と異質なのです。しかし遺伝学的に素直に考えると，ヒトの2万余の遺伝子の99.9％以上は同じはずなので実子も養子も大差ないわけで「血筋」というのは，言わば，慣習的幻想なのです。なお，異性愛が主流の伝統的社会でも，近年，いわゆる同性愛も社会的生き方として「婚姻」や「相続」などの同等の権利を獲得しつつあります。同性愛は，男女間の垣根を取り払い，新たな人間同士の結びつきの選択肢を提起することに成功したわけです。一方，この人たちも，一般の不妊治療を希求する人たちと同様，ART（生殖補助医療技術）を用いてでも〈養子〉ではなく〈実子〉を欲しがる傾向がみられます。異性愛カップルも遺伝的関係のない他人同士が仲良くなって身内同士になったわけですが，同性愛の親同士は，さらに男女の垣根を超えて（いわば人間同士の関係で）愛し合えたのだから，親子間でも遺伝的関係を超えて他人同士ながら親子関係を形成するという，〈養子と実子〉を区別しない選択肢も十分可能です。

　また，医療や福祉の場面で通常行われている〈健康者と患者〉や〈健常者と障害者〉と分ける慣習には《We》/《They》二分法の性格が色濃く含まれています。今日でも優生学あるいは社会防衛的な思想のもち主（権力者でも一般市民でも）は，「患者」や「障害者」とされた存在を《They》の側として対処しがちです。さて，実際に自分たちの身内が「難病の患者」や「障害者」とされた時にはどうでしょう。それでも変わらず自分たちの親・兄弟や子ども（胎児を含む）を《They》の側として処理する人間はいます（ある国ではエイズの子どもが打ち捨てられましたし，先天性の病気と診断された胎児が中絶されること［胎児条項の適用］もしばしばです）。他方，親の多くが彼らを《We》の側に位置付けて手厚くケアする選択をしています。これは，ショート・カット法のアプローチの極意につながっているのです。

　なお，医療や福祉が，その治療やケアの性格上「異常」や「障害」と仕分けすることは便宜上のことであり，絶対的な意味ではないことに要注意です。こうした仕分けが可能なのは，その人の全心身や全人生のたった1つの断面を見

ているからに過ぎません。言い換えると，一方に完全な「健常者」がいて医療者や介護者となり，他方に治療や介護を受けるだけの「患者や障害者」がいるとする構図は幻想です。実際の社会では，人々はお互いに足りない部分を助け合って生きているからです（これは互酬性や御恩送り［受けた恩が次々とリレーされていくこと］というものです）。

多くの場合「患者や障害者」を「価値を生産しない社会のお荷物」と決めつけて排除するという選択肢が採られてきました。「病気や障害」は，人間なら誰にも起こりうるものですが，こういう文化社会では「患者や障害者」自身もたいてい「自分が生きていることが家族や社会の迷惑」と思い込まされています。しかしそう思う人も，実際は，一面で病気や障害があろうと個々人は家庭でも社会でも有意義な役割を果たしてきました。お互いが助け合う御恩送りの社会では，他人の世話にならない人は1人もいません。言い換えれば，人々はお互いに迷惑をかけあって生きているわけです。その苦手な一面（動けない，見えない等何かができない面）を見て，その人の存在意義を全否定することは，損得ずくのMアプローチから見ても社会の大変な損失です。QOL倫理的な「社会のお荷物」説も，これまた幻想なのです。

一方，SOL倫理の解決方法は，ショート・カット法で観たように《We》/《They》二分法でいったん《They》の側に入れられた存在を立場変換能力によって《We》の側に取り戻すことです。たとえば，千人の新生児がうまれると約1人の「ダウン症児」が誕生します。QOL倫理ではそれを《They》とみなししばしば中絶するわけですが，SOL倫理では，そのベビーを家族なら身内とし，家族以外でも《We》の側の仲間として受け入れて他の999人と同様に世話をする道を選択します。なお，ここまでは，ヒューマニズム（人道主義）の立場でも実現可能ですが，健常者が先天的な弱者を支援するという上から目線が存在します。それに対して「類的病者論」という観点では，1人の「ダウン症児」の誕生と他の999人の「非ダウン症児」の誕生は同じ仲間内の出来事（類的事象）と考えます。そして「ダウン症」という切断面から見た時に，この1人のベビーが「ダウン症」になった結果，確率的に他の999人はそうならないことになったわけです。つまり，このベビーは「社会のお荷物」どころか，彼らに対して利他的な大仕事を果たしたとみなします。

この逆転の発想は，仏教では古くから身代わり地蔵と呼ばれてきました（代受苦理論）。この場合，地蔵菩薩とは自己犠牲をしてでも，世の中の苦しんでいる人々を救うために日夜，奮闘努力している存在です。したがって菩薩とは，お寺にある木造の人形ではなく，むしろダウン症や認知症や難病を体現している人々（いわゆる生き仏）のほうなのです。このように「類的病者論」では，医療や福祉は，社会が身代わり地蔵の恩に報いるために存在する制度とみなすわけです。このことは，医療や福祉が自他を分けずに皆仲間とみなす社会のなかにあるわけについて考えるヒントを与えてくれます。

VI　医療情報の守秘義務と解除

　「医療情報」とは，患者—医療者間で交わされる「病名」「検査値・検査所見」「治療法」「薬」「予後」等々の言葉や，それらが指し示す内容にあたるものですが，ほぼすべてが「個人情報」を含んでいます。個人情報とは氏名，生年月日など特定の個人を識別できる情報のことで，近年，個人情報の保護は「プライバシー権」によっても保障されています。「プライバシー権」とは「個人の私生活や社会的生活における個人の私的事項や情報」が，他人からのぞき見やインターネットに無断で拡散されるなど，干渉・妨害・侵害・中傷を受けない権利などが含まれます。これらは，4つの倫理原則のうちの「自律性の尊重」と「他者危害［の禁止］原則」に基づいています。

　したがって医療者には，古来から，守秘義務が課せられてきました。古代ギリシャのヒポクラテスの誓いでも「治療の機会に見聞きしたことや，治療と関係なくても他人の私生活について洩らすべきでないことは，他言してはならないとの信念をもって，沈黙を守ります」とあります。こうした倫理・道徳的側面からだけではなく，日本の刑法でも医療者の守秘義務は罰則付きで規定されています。

　さて臨床で時に深刻なジレンマ問題となるのは，守秘義務とその解除のジレンマという問題です。たとえば「パーソナリティ障害の男子が失恋して，大学の心理カウンセラーに相談中，相手の女子学生を殺してやると告白した。しかし，カウンセラーは守秘義務を守り，そのことを相手には伝えなかったとこ

ろ，数日後，その女子学生は殺害された」という話がありました。こういう場合に，医療者には守秘義務の解除は許されるかどうかというジレンマ問題が次の事例です。

【事例⑤】

　Ａさんは20人ほどの中小企業の古参の従業員。残業続きのために過労気味で，2週間ほど前から微熱や寝汗，空の咳が続いたので，近くの内科クリニックを受診した。そこのＸ線検査でも肺上葉に異常陰影が見られたため，医師Ｂは，市民病院の結核外来あてに紹介状を書いて，解熱咳止めの薬とともにＡに渡し，すぐにでも結核外来を受診するように勧めた。しかし，Ａさんは薬で症状が軽快したし，入院することになると会社に迷惑がかかるし，結核の疑いについても話すと大事になるからとして皆にはだまったまま仕事をつづけた。

　医師Ｂは，市民病院からは1カ月経っても何の返事もないので，Ａさんの職場に直接電話したら受診してないとのこと。驚いたＢは，再度受診するように催促したが今は多忙で休めないと断られた。そこで，思わず上司のＣさんに電話を替わらせ「結核の疑いが濃厚で治療が必要と思われるのでＡさんに市立病院を受診するように取り計らってほしい」と伝えた。しかしＣからも「中小企業で今休まれたら困る」と断られてしまった。

　Ａさんは，1カ月後に病状が悪化して入院したが，その3カ月後までに，社員の半数も結核の集団感染が起こった。

　　　　（注）赤林朗・大林雅之編著『ケースブック医療倫理』より改編

　倫理問題の事例検討ではまずブレーン・ストームなどでできるだけ問題点を取り出し，それから主な問題点を整理し，検討を開始します。この【事例⑤】でも，これまで学修した，患者─医療者関係のPECモデル，Ｍアプローチ，《We》/《They》二分法とショート・カット法などを駆使することです。特に，守秘義務の解除の是非では，Ｍアプローチが有用です。このやり方は新型コロナウイルス感染症のような急性感染症にも通じる問題です。

　ちなみに，個人情報保護法の施行により，役所などがその法律を盾に黒塗りの資料などにして「情報公開」を阻む傾向が強くなっていますが，倫理的に考えると，その情報が個人情報かどうか，個人情報としても他の閲覧希望者に開示可能かどうかは，その当事者に決定権があることで，個別案件の守秘義務の解除は役所が判断することではありません。ですから，開示希望者に対して

は，開示の是非について当事者に尋ねて本人の意向に従うという手続を踏むのが妥当です。また，何が個人情報の範囲かを法務省や内閣がアレコレと指定するものでもありません。この法律施行直後に起きたJRの脱線事故では，被災者の学生が入院していると思われる病院に大学の教員や事務員がうちの学生はいないかと電話で尋ねたところ，病院側は個人情報だから答えられないと回答しました。そのころ，ある病院では，名前も個人情報だとして，病室の名札を撤去したところもありました（患者さんを間違える医療過誤にもつながりかねませんが）。これも手続が間違っています。医療者は，当事者や他の関係者のためには，医療情報の守秘義務が解除される場合もあるということを理解しておく必要があります。

　言うまでもなく，この章で出てきた5つの事例には唯一の正解や模範解答はありません。PECの契約モデルでは，患者さんは，医療者や家族と医療情報を共有しつつ意思決定を行うことになります。近年，臨床倫理では，このシステムをSDM（Shared Decision Making［医師と患者間での意思決定の共有］）と呼ぶ傾向がありますが，インフォームド・コンセントは患者さんの自己決定の行為であることに注意が必要です。医療者と患者さんが一緒になって行うという意思決定とは，聞こえはいいですが，ややもすると医師が仕切ることになる牧師モデルか工学モデルのレベルに陥る恐れがあります。

　最後に，紙幅の都合で，紹介を省いた項目（多くがMアプローチやショート・カット法向き）を挙げておきます。

  ①難治性疾患（がん，エイズ，ALS［筋萎縮性側索硬化症］等）の処遇問題
  ②予防医学（生活習慣病・メタボリックシンドローム，がんワクチン療法，予防的外科手術）
  ③エンハンスメント技術（遺伝子治療・再生医療・サイボーグ化［人工内耳や筋電義肢，等］などで，従来の基準では病気とは言えない人が，心身の能力の増強をはかる技術）
  ④実験的治療（臨床試験）と被験者のインフォームド・コンセント

　以上のテーマは，その効果判定が，理論上はともかく，実地臨床上，まだ評価が充分に定まらないケースです。しかしながら，これらのケース・スタディもまた，第2章と第4章（さらには本書全体）を熟読し理解を深めることで，問題を多角的方面から解き明かすことが可能になるはずです。

【参考文献】

ヒポクラテス『古い医術について』(小川政恭訳),(岩波文庫, 1963年)

ハワード・ブロディ『医の倫理』(舘野之男, 榎本勝之訳)(東京大学出版会, 1985年)

奥野満里子「生命の神聖さと生命の質」, 加藤尚武・加茂直樹編『生命倫理学を学ぶ人のために』(世界思想社, 1998年)

グレゴリー・E・ペンス『医療倫理』(第1, 2巻)(宮坂道夫・長岡成夫訳)(みすず書房, 2001年)

赤林朗・大林雅之編著『ケースブック医療倫理』(医学書院, 2002年)

甲斐克則編『レクチャー生命倫理と法』(法律文化社, 2010年)

アルバート・R・ジョンセン『臨床倫理学〔第5版〕』(赤林朗・蔵田伸雄・児玉聡監訳),(新興医学出版社, 2006年)

松島哲久・盛永審一郎編『薬学生のための医療倫理』(丸善出版社, 2010年)

安藤泰至編『「いのちの思想」を掘り起こす　生命倫理の再生にむけて』(岩波書店, 2011年)

板井孝壱郎・村岡潔編『医療情報』(シリーズ生命倫理学, 第16巻)(丸善出版, 2013年)

森下直樹編『生命と科学技術の倫理学：デジタル時代の身体・脳・心・社会』(丸善出版, 2016年)

大林雅之『小さな死生学入門──小さな死・性・ユマニチュード』(東信堂, 2018年)

鶴若麻理, 長瀬雅子編『看護師の倫理調整力──専門看護師の実践に学ぶ』(日本看護協会出版会, 2018年)

村岡潔「現代医療の倫理」, 山本光昭・他著『看護学入門 5巻 保健医療福祉のしくみ・看護と法律〔第10版〕』(メヂカルフレンド社, 2018年)

粟屋剛『生命倫理とその周辺　講義スライドノート』(ふくろう出版, 2020年)

5 看護倫理

キーワード

人間の尊厳　生命の尊重　患者の権利　ホスピタリティ　看護の専門性
生命力支援　生活支援　多様性へのアプローチ　ケアリング　自己決
定支援　看護アドボカシー

I　看護に必要な倫理と歴史

1　看護の中心概念と倫理性

　看護の概念とは，看護の現象に対する考えやイメージ，看護の本質を説明す
る要素とされており，現段階で合意されているものとして，「人間・健康・環
境・看護（ケア）」が挙げられます。この中心概念とされるものと倫理は関連
があるのかを検討することによって，看護に倫理性が求められるかどうかが明
確となるのではないかと考えます。

　まず，「人間」を取り上げると，看護は常に人間を対象とし，また人間のな
す職業であり，倫理の基本である「人との関係性の中で行われる」現象である
ことから，必然の理といえましょう。人間の生命，個人の尊厳・権利，生活の
質（QOL）など全てにおいて倫理性が必要であるといえます。

　「健康」については，基本的人権として憲法でも「健康で最低限度の生活が
保障される」（憲法25条）ものであり，特に健康破たんは心身両面の危害をもた
らし，その治療過程においては人間性の喪失が起こりやすく，人間的配慮とし
て倫理性が当然求められます。看護にとって「環境」は，近代看護の創設者で
あるフローレンス・ナイチンゲールが主張したように，看護に求められる人間
的配慮が最大限活かされうる広大な概念であり，生活の質（QOL）が問われる
要因ともなるものであることから，その善し悪しは倫理性にかかわってくると

いえます。これらの概念とともにある看護は，「どのような行為が最善のなすべき行為か」そして「何をなすべきか」というまさに「倫理とともにある」といっても過言ではないでしょう。

2 看護が重要視する価値

　このように看護は人間を対象とするために，人間の尊厳（第1章11参照）を一番に大切に考え，医療者として健康の価値を最大に認める立場にあります。健康の維持からすれば生命の尊重が医療の第一優先になりますが，文化的・思想的存在の人間は，時に生命の延長よりも，文化的価値や思想・信条を主張する場合も考えられます。筆者が臨床で体験した心臓移植を必要とする患者や，器械に縛られて生きたくないとペースメーカー手術拒否をした患者さんに見られるように，また宗教思想の為の輸血拒否が判例となって是認されていることは，医学的・法的には適切な治療法であっても，個人の尊厳が優先されるべきことを示しています。

　看護は日進月歩する医療の複雑なその中にあって，医療者の立場でありながらも，日夜その人との相互関係でつながり，治療だけでなく生活や人生，家族・地域環境など，その人のすべてを丸ごと受け止めて行くプロセスです。看護の専門性が多様性へのアプローチにあり，複雑な状況の中から当事者にとっての最善を支援する判断力と倫理性を必要とします。

　このことから，看護は常に2つの側面から人間の大切にするべきことを念頭に置く必要があります。1つには，生命や尊厳，身体のように何物にも置き換えることのできない個別な生命の神聖性（SOL）の問題と，2つには，複雑な要因が織りなす生きるプロセスを含む生活や人生の質（QOL）の問題です。

　前者の多くは生命倫理の範疇で議論されることが多いですが，看護は前述したとおり，その人の生活面にかかわることがしばしばあり，生活や人生の質の問題（QOL）を併せて議論することが多いと思われます。看護倫理学者のリア・L・カーティンによって紹介されているエドモンド・ペリグリノの「療養過程における4つの人間性の喪失」は看護が心しておくべきことと思われます（リア・L・カーティン『アドボケイトとしての看護師——患者を人として尊重すること』（渡部富栄訳）インターナショナルナーシングレビュー Vol. 26, No. 5, 日本看護協

会出版会，2003年）。すなわち，患者さんは療養生活において，①自律性の喪失，②行動力の低下・制限，③自己判断能力の低下・喪失，④親密性の切断という人間的危機に遭遇します。

疾病の治療は専門性の高い医師の診断と治療方針が優先され，情報の開示・提供が行われるとしても，多くの場合，専門性の差による充分な理解が得られずに，患者さんの自律性は侵害されやすくなります。また，重篤な場合は必ず行動制限がかかり，弱者の立場に陥りやすく，医療者が優位に立ってしまいがちです。さらに，意識障害や，認知症などの場合は，自己決定能力の低下や喪失がおこり，周囲の決定に委ねられ，最善の検討が十分に行われにくい代理決定の状況で倫理的問題が生じます。多くの場合，治療は住み慣れた自宅ではなく，病院や施設という環境で行われ，見知らぬ人に生命や生活が委ねられるという非日常的プロセスです。面会制限や感染防止策としての医療的処置，機械的延命による無味乾燥な環境は日常的な温かさから隔絶され，人間的尊厳を脅かすのです。この傷つきやすい臨床の場において「他者の苦痛に無関心でいられない」存在としての看護は基本的にホスピタリティという「客として迎え入れる・もてなす」ケアと責任を有するのです（鷲田清一『「聴く」ことの力——臨床哲学試論』阪急コミュニケーションズ，1999年）。

このように，看護のほとんどすべての行為や状況には倫理的側面があり，看護倫理とは「看護の善し悪し」を問題にする学問なのです。

3　看護に必要な倫理と倫理綱領

国際看護師協会（以下 ICN）の顧問であるサラ・T・フライは，看護倫理の定義を「看護実践における道徳的現象において看護師の倫理的判断の哲学的分析と行動」としています。健康・医療のすべの場に看護職は立ち会っている場合が多く，その範疇には生命倫理はもとより，臨床倫理，職業倫理，研究倫理を含めた内容が看護倫理の範疇として議論されます。したがって幅広く各領域の倫理的知識をもつ必要があります。従来から生命倫理や臨床倫理の分野で重視されてきた倫理原則は基本的知識としての活用が望まれます。しかし，複雑な医療環境において，人間として生きる患者さんを看護する看護職は，たびたび原則論だけでは解決に導くことが難しい倫理的問題に遭遇します。

　そこには，医療モデルである健康を目標として，疾病の治療を目的とする立場と，ケアによって生活の質を向上させ，患者さんの自立を目的とする立場との両義的な看護の特性があります。

　これまで述べてきたように，看護に含まれるその総合性・包括性すなわち，「人を as a whole（全体）としてとらえる」看護の本質から看護倫理というベースラインが必要なのです。

　世界の看護をリードする ICN は，1953年に「看護師の規律」を採択し，看護師が必要とする倫理的行動を端的に整理，解説し，数回の改正を行って2000年に「ICN 看護師の倫理綱領」として改訂・改題しました。直近は2012年のものですが，新しく加わった内容は文化的権利の追加，意思決定支援の必要などです。

　これらに準じた形で日本看護協会も2003年に新たな倫理綱領を採択し15項目にまとめました（巻末資料）。内容は大きく２つに分かれ，１～６項目は対象への倫理的配慮，７～15項目は，専門職としての責任と努力となっています。長年わが国では看護倫理教育が空白となっていたとされる中で，普及啓発が望まれます。実践の場では何かしら人間性の侵害と思われることも，治療のために仕方がないと考えがちであったり，従来のパターナリズム的プロセスに口出しできない状況も多く，ジレンマを抱えながら看護は倫理的立場を主張できない職種とみなされてきました。これらの倫理綱領が示されるようになり，看護の立ち位置の明確化，責任の所在，将来像に期待感が生まれてきています。

　一方では，増え続ける倫理的問題の中で，倫理とは何なのか，看護はどのように倫理的立場をとることが求められているのか，系統的に探索する困難さに直面し，正解のない議論に混乱をきたしているのも事実です。

　小西恵美子は，看護倫理のアプローチ法（接近する方法）として，①徳の倫理，②原則倫理，③ケアの倫理の３つの方法をまとめています。特に近年台頭してきた「ケアの倫理」は関係や思いやりなど，個別のニーズに対応する倫理の在り方として，看護に近いアプローチとして注目されます。IT 化などにより，相互関係の希薄化が指摘される中，看護の哲学としてもケア倫理理論の学習が必要です。

4 看護倫理の歴史的流れ

(1) 倫理的アプローチから見る流れ

①徳の倫理の時代

　初期の看護倫理における看護師は「人として良い人，良い行動をする」ことが求められるいわゆる「徳のある人」として個人の特性・性格が評価される「徳の倫理」でした。これは時代の社会背景などに影響を受けやすく，権威者への従順，マナーやエチケットの厳守，自己犠牲を強いられるものでした。看護教育が医師によってなされた時代には，医師への忠実と従順が求められ，看護の対象である患者さんへの責任よりも優先されました。戦争という非倫理的な社会背景の中でも，主導者に従うことが徳とされ，殺戮に加担する看護師も「良い行為」とされたことは，徳の倫理の限界を物語っています。

②原則倫理の時代

　戦後の医学の急速な進歩は，生命の概念を揺るがす操作手段や技術の発展をもたらしました。人工呼吸器や透析技術の開発は，生命の延長や状態の改善を図りますが，一方で，望まない延命や資源の公正さに疑問を投げかけました。ここでは行為する人ではなく，行為そのものがどのような結果をもたらすか，道徳的に許容されるかが問われるために，あらかじめ原則を設けることが求められます。そこに登場したのが生命倫理の学問分野から出された4つの倫理原則です。すなわち，「自律を尊重する」「危害を加えない」「善行をする」「公正に対処する」です。看護倫理では，その特性から「忠実である」「誠実である」が追加されて使われています。

③原則倫理の限界とケアの倫理の進展

　複雑な医療選択の時代を迎え，加えて医療を受ける人々の意志が尊厳をもって尊重されることを志向するとき，原則の倫理は相互に対立をきたし，医療者の意志決定にジレンマをもたらすことが多くなりました。たとえば，明らかに治療的価値のある手術で生命を救うことは正義として倫理的に承認されますが，本人の手術拒否という自律的決定と対立してしまいます。そこではもう一歩踏み込んだ人間と人間との信頼関係の中で，ありのままの訴えを傾聴する姿勢や，配慮に満ちた情報提供により治療への理解促進を図ることが必要な場合も多く，形式的な医療情報の説明ではなく，傍らにいて寄り添う「ケアの倫

理」が社会的にも承認されつつあります。看護実践の現場においても，このような手術拒否の態度を示された方が，新卒看護師の受容的な傾聴の態度によって手術を決心したり，看護師が命の大切さを語り，手術の経過を細かく配慮をもって説明し直すことにより，手術を決意されて医師を驚かせた経験をもっています。

　ミルトン・メイヤロフは，まず相手を十分に知ること，専心，希望，勇気などをケアの要件として挙げており，相手を心から思う相互成長と位置付けています。ケア倫理の発見者とされるキャロル・ギリガンは，女性的な思いやりや世話などのケアが相互的関係や非暴力，責任という倫理観に結びつき，倫理的問題解決につながることを示しています。

(2) 看護倫理教育から見る歴史

①欧米における看護倫理教育

　近代看護を成立させたナイチンゲールは，医学とは異なる視点から健康や疾病をみつめ，多くのことが看護，すなわち環境の調整や配慮ある世話や励ましにあるとし，その教えは，良いことを促進する倫理的規範として，看護師のための誓いである「ナイチンゲール誓詞」が1893年に作成されました。ナインゲールの記述ではないものの，欧米では最初の倫理綱領とされて，現代にいたるまで看護学教育に掲げられています。それは「忠誠，忠実の徳の倫理」を踏まえ，「悪しき薬を用いない」という危害原理や，人々の私事を漏らさない「守秘義務」を謳い，任務の標準を高くする努力の必要を述べた「専門職倫理」をも含んでおり，看護倫理の基盤となっています。最初の看護倫理テキストはイザベル・ロブによる「病院と個人のための看護倫理」で，1900年に初版が出版されており，「倫理」という用語が看護テキストに表記されたのは1903年で，看護雑誌にも看護倫理の論文が掲載されるようになりました。看護倫理がカリキュラムに積極的に取り入れられたのは1970年中盤といわれます（萩野雅「看護倫理をどのように教えるか？」看護教育 Vo. 37，No. 1，医学書院，1996年）。

　ICN が「看護が第一義的に責任の対象とするのは看護を必要とする人々である」と宣言したのは1973年です。それは同時に医師への忠誠から脱却し，看護の専門性に必要な要素とされたからです。その後は1899年に設立されたICN やアメリカ看護師協会の看護倫理綱領がガイドラインとして発展し看護

教育にも用いられています。

1970年代には，トム・L・ビーチャムとジェイムズ・F・チルドレスによる生命倫理の著作，1982年にはケアの倫理の発見といわれるキャロル・ギリガンやそれに続く教育哲学のネル・ノディングズの著作が社会を風靡し，すでに看護教育が大学での専門教育化されていた欧米ではこれらの倫理理論を取り入れることができたと思われます。さらに看護理論としても看護はケアそのものであり，関係性の中で常に配慮や思いやりなどのケア倫理の実践がなされていることをジョイス・トラベルビー看護論をはじめ，ジーン・ワトソンやパトリシア・ベナー看護論として「対人関係看護論」の流れの中で示し，欧米の看護倫理に定着しています。

アメリカの看護倫理教育の実際は，基礎看護学の領域で看護倫理の基礎概念が押さえられ，その後は MCSL（マッスル）といわれる「多コース連続学習」方式を取ることが多いといわれています（中岡成文「看護倫理教育プログラムを考える——ミネソタ大学カリキュラムの検討」医療・生命と倫理・社会(2)，2003年）。つまり，まとまった科目としてではなく，各看護科目において必要な倫理内容を検討し，整合性を図ったうえで教員組織全体が取り組む垂直的コースといわれます。

アメリカの基礎看護学における看護の概念の講義では「人間中心のケア」「ケアリング」「患者の権利」「患者の擁護者としての看護師」「アメリカ看護協会の看護基準」が倫理内容として教授されています。さらに「倫理と法」の章は，倫理および道徳の定義，職業倫理の法則，看護専門職のための倫理綱領，倫理哲学理論，倫理的ジレンマの解析などが挙げられています。法的問題の中でも，生命倫理に関係する患者の権利，不法行為，医療過誤などが教授されています。

1995年に筆者が訪れたミシガン大学看護学部教育においても，基礎看護学の倫理教育内容は，シラバス7ページを費やして，歴史的発展に従った倫理教育内容が具体的に説明され，倫理課題を呈する事例の提示や課題が示されていました。その中には日本においては消滅していたナイチンゲール誓詞が厳然として掲げられその精神が継承されていることを確認しました。

すなわちアメリカの看護倫理教育は社会の倫理理論や専門職能団体の基準と

ともに発展し，教育方法の検討が重ねられてきたと考えられます。

　②わが国の看護倫理教育

　アメリカの看護倫理教育に比べて，わが国のそれは特異な歴史を物語っています。第二次世界大戦後の看護教育は，アメリカの主導で始まっていますが，指摘されたのは科学性・理論性の大幅な遅れでした。看護教育に「看護倫理」の表現が登場したのは1949（昭和24）年で，「看護史および看護倫理」の科目が独立して設けられました。1952（昭和27）年には看護倫理の教科書が出版され独立教科となりましたが，医師の著書であり，奉仕的精神，医師への服従，組織への忠誠，規律と秩序が強調された，礼儀作法と考えられるものでした。これは専門職を目指す看護職にとっては抵抗のあるものであり，1967（昭和42）年のカリキュラム改正によって独立科目ではなくなりました。その後，看護学総論の中で「看護史および看護倫理を含む」と表記された時期もありましたが，この時から20年間は，［看護倫理空白の時代］が続きました。看護教育の視点は，先にも述べた看護の科学的理論化と欧米の看護理論の摂取に追われたのです。

　しかし，社会は医療科学の発展によって，人工呼吸器での延命や心臓移植・生殖医療などの生命倫理の課題を抱え，医療の場にいる看護師たちは多くのジレンマにさらされることとなりました。

　1996（平成8）年のカリキュラム改正において，長年の経過を踏まえて看護教育の基本的考え方，留意点において1つには専門職業人としての共感的態度および倫理に基づいた行動ができる能力を養う，2つには人権意識の普及・高揚が図られることが望ましいと明記されました。しかし看護倫理の科目の設定はなく，教育施設の自主性に任されてきました。

　一方で，看護現場での倫理的課題は発展しつつあった各看護学会などの場で議論が起こり，専門職団体である日本看護協会に動きがみられました。1988年に「看護婦・士の倫理規定」を採択し，1999年には大規模な倫理に関する調査活動を行っています。2000年に改正されたICNの看護師の倫理綱領をもとに日本看護協会も2003年に新たに看護者の倫理綱領をまとめました。同時に看護白書の特集として看護倫理を取り上げて，議論を促進させるきっかけを作りました。しかしながら，看護教育のカリキュラムには，現在も必修科目としての

法的な規定はなく，看護の大学教育化が進んだ現在も，必修科目として設定されている教育機関は少ないといわれています。また，科目立てされた場合においても，内容的には，倫理学，生命倫理，臨床倫理，看護倫理の明確な区分がされず１単位として扱われていることがシラバスによる調査からうかがえます。

　文部科学省は，2011（平成23）年３月に「大学における看護系人材養成の在り方に関する検討会最終報告書」の中でヒューマンケアの基本に関する実践能力群のⅠ群内容として，１）看護の対象となる人々の尊厳と権利を擁護する能力，２）実施する看護について説明し同意を得る能力，３）援助的人間関係を形成する能力を示しています。１），２）の教育内容には，基本的人権の尊重，看護実践にかかわる倫理原則，患者の権利，権利擁護，プライバシーの配慮，および医療における自己決定権，意思決定への支援，インフォームド・コンセント……などがあがっていますが，明確に「看護倫理」という文言は使われていません。

　さらに６年を経た2017（平成29）年に社会背景への対応から現在同じ検討会が行っている「看護学教育モデル・コア・カリキュラム」（案）においては，看護学系のすべての大学が看護系人材養成のための教育において共通して取り組むべきコアとなる内容を抽出し，整理されて提案されています。その中の「Ａ　看護系人材として求められる基本的な資質・能力」の「A-1　プロフェッショナリズム」には，専門職としての教育内容に「看護倫理」が明確に記述されました。このことは，生命倫理や臨床倫理とは異なる領域として看護倫理の存在が承認されたといえます。

Ⅱ　生命倫理と看護

1　生命活動のすべてに立ち会うものとしての看護

　生命倫理とは，文字どおり「生命を大切にする視点をもった倫理」といえます。人間の受精から死までの生命活動はもとより，植物や動物の生命を含めて，広い範囲では環境と生命の問題を扱う学問としてヴァン・R・ポッターが提唱したといわれています。しかし，身近で起こりうる人間の生命の扱い方

は，医療技術の進歩にあいまって，人工的生殖や人工的延命の問題，臓器移植，脳死，安楽死または障害，人生の最終段階における高齢弱者の生命など，医療との結びつきが顕著であるために，医療の範囲と思われがちです。しかし，生命の問題は医療のみならず社会のいろいろな分野，たとえば政治，法律，福祉，心理など学際的に議論される重要課題であり，その倫理的考察が生命倫理といえます。

　看護は前述したとおり，人間の生命活動があるところのすべてに立ち会うといっても過言ではないと思います。妊娠，出産の場での看護，小児・児童の看護から人生の最終段階，そして看取りの看護というすべてのライフサイクルにかかわります。健康の段階においても健康増進・保持，疾病予防，疾病の回復過程，慢性期の患者支援，在宅への訪問看護，障害者支援施設などあらゆる場に看護があります。生命を大切にし，生活の質（QOL）をよくすることによって不自由や苦悩の中にも最善の在り方を追求し，時には治療とQOLのはざまで1つの選択を余儀なくされるなどの倫理的課題に直面します。

　人の生命にかかわる場面においての役割と責任は単に医療の範囲のみならず，人間的なかかわりの中で，包括的なホスピタリティやケアの倫理が求められます。常に患者・クライエントの近くに位置し，医療と生活の両面から支援する立場として，生命倫理に看護がどのように向き合うか，ますます問われる機会が増えると考えられます。看護の従来からもち合わせてきた誠実性と善良性を生かし，3つのQOLすなわち生活の質のみならず，生命の質そして人生の質にかかわることを自覚しながら，生命倫理に対応しなければなりません。

　ここでは私たち看護が遭遇する代表的な生命の誕生にかかわる倫理的課題と生命の終焉にかかわる倫理的課題を取り上げます。

2　生命倫理の4つの原則と基本規則

　生命倫理研究の第一人者であるビーチャムとチルドレスによって整理された4つの原則は，生命倫理のみならず，臨床倫理，看護倫理にも広く援用されています。これはすでにイマヌエル・カントによって定理されていた自律的選択の尊重や自己統制や自由権利としての①自律の原則，②アリストテレスやジョン・スチュアート・ミルが主張した正義・公正の原則，③ヒポクラテス倫理が

示した無危害原則（害を及ぼすなかれ）④医療者と患者関係の基礎とされる信頼のきずなとしての善行（恩恵）の原則です。

ビーチャムとチルドレスはこの4原則にプラスして，実際的行為には必要な規則があるとしており，実質規則としてのインフォームド・コンセントやプライバシー規則，意思決定の代理権限や専門職権限等の権限規則，さらに必要な手続を確立する規則等の必要性を述べています。

3 生命の誕生にかかわる看護倫理的課題

生命の誕生にかかわる倫理課題として，看護がかかわりをもつ事例は，①妊娠と中絶に関連するもの，②先天性疾患や障害をもって生まれてきた新生児医療の在り方などが挙げられます。

基礎医学の進歩によって，妊娠中に超音波診断や羊水検査，さらに採血のみで診断可能とされる新方法の非侵襲的出生前診断が可能となり，妊娠中絶の選択に悩む妊婦や家族の問題が増加しています。一方で中絶は生命の切り捨てという大きな生命倫理的課題となります。

妊娠中絶は基本的には刑法212条によって禁止されている堕胎罪に相当しますが，1996年までは「優生保護法」のもとで限定容認され指定医の判断で中絶可能な状況でした。改正母体保護法により，優生保護は削除されたものの，母体の健康保持，女性の自己選択権を背景に出生前診断を受けることが日常化しています。すでに遺伝的疾患をもつ妊婦からの妊娠前の相談や妊婦の出生前診断の結果によって種々の疾患や障害の予測が伝えられた場合の相談は，保健師，助産師，看護師の職場にもち込まれます。地域では保健センターに勤務する保健師に，病院では産科外来の助産師や看護師に相談されることが多いと考えられます。そのようなときにどのような支援が倫理的に求められるのでしょう。生命の尊重と母親の自己選択権のはざまで，真摯に向き合って個別的なニーズに耳を傾け，自己の価値観を押し付けるのではなく，真の自己選択が可能な情報提供と時間をかけて寄り添うことにより，必要時のみ距離をおいたサポート（支援）をするのではなく，そのプロセスを通じて伴走する者としてのアシストが重要ではないでしょうか。社会的にはカウンセリングを含む支援体制の充実，否定せず，責めることのない居場所があること，社会づくりの議論

の場を作ることが提唱されています。

4 生命の終焉にかかわる看護倫理的課題

人生の最終段階における生命倫理の課題としては，本人の意思とは裏腹な延命の問題，苦痛の緩和と生命の短縮の問題，最終的に生きる場所をどのように選択するかなどの倫理的課題があります。どの場合でも看護は必ずかかわりのある倫理的対応を必要とされます。

誰にでも「死」は訪れます。そして多くの場合は病気やけがで苦痛を伴い，治療は必ずしも効果を上げるとは限りません。がんや慢性疾患の悪化など，年齢の高齢化もありますが，必ず生命の終焉の時期が訪れ「ギアチェンジ」が必要になります。この時期の倫理的配慮としては，まず苦痛を最小限にすること（無危害原則），本人の自己決定の尊重（自律原則）が優先されます。

生命の自然な終焉を見守り，QOL に配慮した治療的判断が求められます。苦痛の緩和にはセデーションの選択もありますが，生命の短縮や身体的自由を奪う危険もあり，充分な本人の意思確認が必要です。近年では緩和医療の進歩により，意識レベルを保った鎮痛が可能になっていることも勘案し，アドバンス・ケア・プランニング（ACP）という本人・家族と医療者の経過的に行われる話し合いを通して，本人の意思を最大限尊重した看取りが望まれます。看護はいつもそばにいる存在として，ACP の中心となりアドボケイトとしての責任を果たしていきます。

近年自己決定が重要視されることは一般化していますが，高齢者であることを理由にすべての治療に消極的になる傾向があり，医療者もそれを容認するケースも指摘されています。ベナーのいう「薄っぺらな自己決定 thin autonomy」に陥ることなく，健康の守り手として看護の責任を自覚する必要があります。2018（平成30）年に厚生労働省が改訂した「人生の最終段階における医療の決定プロセスに関するガイドライン」は，多職種のケアチームによる慎重な判断を求めており，その都度の説明や最善の方針を本人意思・家族との話し合いで決定することを基本としています。

Ⅲ　看護師と医師やその他の医療者および患者さんとの関係

1　チーム医療における看護師と医師やその他の医療者との関係

　現代医療はチーム医療が前提とされ，それぞれの専門性を生かした医療の分担と効率性が推奨されています。しかし，歴史的には，医療は医師を中心とするパターナリズムの世界であり，医療者の組織構造もパラ・メディカル（従属的構造）と言われ，常にリーダーは医師であり，権威の象徴ともされてきました。この構造がコ・メディカル（連動した関係）へ移行し，チーム医療が言われ始めたのは，1992年の医療法改正により，同法に初めて医療の理念が明記されたことに始まります。それまでの医療法には医師・歯科医師のみが記述されていましたが，この年から「薬剤師，看護師その他の医療の担い手」と並列に追記されました。

　この考え方では，それぞれの医療者の専門性が発揮されることによって，医療の質が向上することが期待され，実質的にも教育の体制が整備されたことによって成果を上げていることが証明されてきたからです。たとえば看護においては，質の高いケアを担当する専門看護師・認定看護師の育成によって，科学的根拠に基づいた看護方法の確立があり，特にがん看護，緩和ケア，褥瘡ケ<ruby>褥瘡<rt>じょくそう</rt></ruby>ア，嚥下障害看護，糖尿病看護などの領域で，看護による改善・回復が検証されました。

　そこでは患者さんのいちばん近くで，継続した観察が可能である看護の力がチーム医療の中心であり，患者尊重に結びつくことが重要視されました。厚生労働省のチーム医療についての記述にもそのことが明記されています。しかし，まだ20年未満にしかならないこの考え方は，医療者の間にも，ましてや社会全般には浸透していないのが現実であり，従来の医師中心の医療体制がかなり強いイメージとして存在していると思われます。

2　医師の補助者としての看護師か？

　看護師の身分法である「保健師助産師看護師法」の５条において，看護師の業務は「診療の補助及び療養上の世話」とされていることから，看護師は医師

の補助者と誤解されています。同法では医師の補助ではなく，診療の補助業務が可能であることを謳っているのです。すなわち，医師の指示の下に診断や治療行為に関与することができ，医師不在でも医療行為が実施できることによって，患者に継続した医療サービスの提供と，病態の変化に応じた適切な医療につなげることが期待されているのです。

ここでもいつも患者さんのそばにいることや，身近な世話や配慮による医療上の効果が評価されることになります。たとえば医師の処方による薬剤の投与についても，24時間継続される点滴静脈注射は，看護師の管理がなければ不可能です。手術後の体位変換や身体清潔の援助は，術後合併症の予防に欠かせない医療行為であり，生活援助行為です。「補助」とは文字通り補い助けることであり看護は医師の業務を医師のいない場合にも医師と同様程度に補うことができる立場であり，医療者としての知識，技術を習得していることや責任が求められるのです。看護師はこのことを自覚し，専門性の倫理として向上努力が必要です。

また，診療の補助には，医師の指示を必ず必要としますが，その指示が不適切と気付いた場合は，当然医師への報告を必要とします。診療の補助は可能ですが，必ず実行しなければならないという法的規則はありません。自己の知識や技術に見合わない指示についても同様であり，このことは患者さんに対して倫理的に無危害原則を適用しなければなりません。

筆者は看護師の静脈注射の法的解釈変更にかかわり，診療の補助の範疇に静脈注射を可能とする場面に立ち会いました。この時法学者から念押しされた言葉は，「看護師たちは We can であっても，We must ではない」という注意でした。患者さんの最善を願う倫理的医療行為は医師の判断だけではなく，看護師の自律的判断が「診療補助の役割」を果たすことを肝に銘じなければなりません。したがって，チーム医療においての責任も大きいといえます。

3　医療者としての看護師―患者関係

(1)　ケアリングの実践者としての看護師―患者関係

これまで述べてきたとおり，看護師は患者さんにとって身近な存在であり，時間的にも他の医療者と比較して長い時間を共に過ごすことのできる立場で

す。しかし，場所や時間だけで親密性や患者さんの満足が満たされるでしょうか。従来からの看護師―患者関係の評価は，ナイチンゲール誓詞にも謳われるように誠実・忠実の精神，優しさや思いやりのケアの倫理の実践から来るものと考えられます。

　1982年のギリガンのケア倫理の発見以前にも，看護理論はケアリングの重要性を理論化していました。たとえばワトソン看護論，ベナー看護論，トラベルビー看護論，ウィーデンバック看護論などにみられる患者さんと看護師の関係性は，両者の相互関係の中にある信頼，ニーズへの関心や把握，苦痛や不安を軽減しようとする配慮と心配が挙げられており，これらはケアリングの内容そのものです。そして，患者さんを第一に考える尊厳主義，適時・瞬間，その状況について常に注意をもって当たることを述べており，アーネスティン・ウィーデンバックは看護哲学として，①生命への尊敬，②人間存在への尊厳と個性の尊重，③自己信念に結びついた決断力をその基礎概念として強調しています。このような関係の在り方は看護師にとっても人間的成長が促される機会となり，ケアリングの重要課題である相互成長が促進される場となります。

(2) 患者さんのアドボケイトとしての看護師

　1960年代後半の消費者運動やフェミニズムの台頭により，看護は従来の医師や病院への忠誠から離れ，1973年のICNの倫理綱領に見られるように，「看護の第一義的責任は，看護を必要としている人々にある」として，患者側に立った関係を宣言しました。この発展の段階において，看護の積極的役割として，「患者の利益擁護者（アドボケイト）」を主張し，専門職の自律的・倫理的基準とすることが注目を集めました。患者さんの利益擁護者としての看護は，医療者の立場に居る者として，大切な考え方ではあるが，ジレンマとなる場合も多く，他のだれかとの対立を生む場合もあります。そのために，理論化が進まない状況もありましたが，現在ではICN，ANAの倫理綱領および日本看護協会のそれにも明記されるようになりました。看護を必要とする人々のために，その方の最善の利益を目的とした健康支援を行うとともに，他のだれかによってその最善が阻害されることがある場合，患者側に立ってその利益を護り抜くことが看護の倫理行為であり，常にそばにいてアシストする立場の行動原理であるという関係性を重要視するのです。

アメリカにおける看護学教育においても，基礎看護学の最初の看護の概念の講義において，この関係が教えられています。

Ⅳ　看護師の守秘義務

1　看護と患者さんのプライバシー権の課題

　看護は健康にかかわるすべての情報のみならず，私生活全般にアクセスできる立場です。また，多職種や多くの地域の人とのかかわりがあるため，情報の流出の危険もあります。新保史生は「プライバシーの権利の生成と展開」の中で，ウィリアム・L・プロッサーがあげる4つの課題を指摘しています。1つは情報へのアクセス過剰，2つ目に情報の誤認に注意が必要，3つ目に同意のない情報の流出，4つ目に自己・他者の利益に患者情報を用いないことです。一般に守秘義務というと3つ目のことのみに注目しますが，入院目的以外の関心ごとの情報を訊ねたり，得られた情報を看護職の価値判断で，誤認して申し送りで「闘病意欲がない」などと伝えてしまうなど現実に耳にします。4つ目の自己・他者の利益に同意なく用いることは，患者事例を研究発表に使うことや，薬品開発に関連する企業に情報を提供することなどが入ります。

　一方，患者さんからの情報開示要求に対して，従来からの慣習により消極的姿勢をとってきましたが，適切な判断の下，患者さんの権利擁護者として行為することが求められます。

2　法と倫理綱領に見る守秘義務規定

　過去には看護教育の場で最初に教えられた「ナイチンゲール誓詞」において，「われは人々の私事のすべて，わが知りえたる一家の内事のすべて，人に漏らさざるべし」という守秘義務は強く看護職を目指す者の胸に刻まれました。しかし，1948（昭和23）年に成立した保健師助産師看護師法には，当初守秘義務の規定はなく，2001（平成13）年にようやく罰則とともに法規となりました。

　ICN および日本看護協会の倫理綱領には，もちろん守秘義務の項目が入っていますが，前者には，前述した情報へのアクセスについて，「正確で十分な

情報を最適な時期に文化に適した方法で確実に得る」と言及しています。さらに共通していることは，情報共有については適切な判断を要することが明記されており，わが国では2003年に発出された「個人情報保護法」および関連法において細部にわたっての基準が普及しました。健康情報の共有が必至の時代背景の下，一部では守秘義務のために共有を困難にしていることも指摘されており，適切性の検討がされています。

3　患者さんとの個人的約束と守秘義務

患者さんとの比較的長期の関係をもつ看護職は，そのプロセスの中で，個人的な秘密や約束を共有しないで，2人のものにしておくよう願望される場合があります。そのことが健康や生命にかかわる情報である場合に，看護師は患者さんと組織との板挟みとなり，ジレンマを感じます。このようなときの適切な判断や処理はどのような基準に頼ればよいのでしょうか。あくまで個人的約束ならば人間的に守秘するべきと考える意見や，看護という専門職は組織的活動であることから共有すべきであるという意見もあります。

患者さん側としては後者への理解は乏しく，個人的信頼関係を望んでのことです。ここでは看護師の立場についての説明責任と信頼を裏切らないケア倫理のアプローチが重要ではないでしょうか。心からその人の健康や最善の人生を支えたい看護の在り方を理解していただけるように，充分な情報提供，状況説明の場を設けることが必要です。情報共有については，充分な理解の下での患者さんの同意を得て行うべきでしょう。そして，情報共有の範囲の限定，共有による患者利益の保証，常にアシストとして当人がそばで支えることの約束こそが同意の源泉であり，アドボケイトとしての看護の役割といえます。

Ⅴ　ま　と　め

看護職は健康の領域において，対象である人にかかわり，その環境や生活や人生全般に対して責任を負う職種です。したがって倫理的配慮のある判断や実践が常に求められ，現在の看護学教育の中でも倫理教育の必要性がますます叫ばれています。その行動基準はICN・日本看護協会の倫理綱領に示されてい

ます。生命倫理学を中心とした4つの原則や，患者さんの最善の生活，人生を
支援するために必要な知識，アプローチ方法を学び，看護の複雑な個別的状況
の中での倫理的感受性を磨き，問題解決を図る能力を身につける必要がありま
す。そして，専門職として患者さんの利益擁護者として活動できることが期待
されています。

【参考文献】

ヘルガ・クーゼ『ケアリング──看護婦・女性・倫理』（竹内徹・村上弥生監訳）（MC メディ
　カ出版，2000年）

ドローレス・ドゥーリー／ジョーン・マッカーシー『看護倫理』（1〜3）（坂川雅子訳）（み
　すず書房，2006年）

松木光子編『看護倫理学──看護実践における倫理的基盤』（ヌーヴェルヒロカワ，2010年）

小西恵美子編『看護倫理──よい看護・よい看護師への道しるべ〔改訂第3版〕』（南江堂，
　2020年）

サラ T. フライ／メガン・ジェーン・ジョンストン『看護実践の倫理〔第3版〕』（芹田範子・
　山本あい子訳）（日本看護協会出版会，2010年）

❻ 看護師の倫理的課題

キーワード

看護情報システム　　医療情報システム　　リスク・マネジメント　　医療安
全管理　　医療過誤予防　　情報セキュリティ　　個人情報　　接遇　　看護
師の良心　　パレーシア　　肝臓がん末期　　肝性脳症　　意思表示　　個人
の意思と看護師の責務

I　看護情報のシステムと活用

1　看護情報と看護情報学の定義

　看護情報とは何かという前に，情報とは何でしょうか。一般的な意味で，情
報とは，『広辞苑〔第七版〕』に「あることがらについてのしらせ。判断を下し
たり行動を起こしたりするために必要な，種々の媒体を介しての知識」とあり
ます。一般的に情報というと「しらせ」という意味で受け取られているようで
す。しかし，看護においては，データという言葉と明確に使い分けが要求され
ます。ANA（アメリカ看護師協会）が示す看護情報学の主要概念には，データ，
情報，知識および知恵が挙げられています。

　▶ポイント整理◀　　**看護情報とは何か**

　❶　データとは，解釈なしで客観的に示される個々の存在（もの）。
　❷　情報とは，解釈され，整理され，構造化されたデータ。
　❸　知識とは，相互の関係が明らかにされ，多くの人に認められるように統合
　　　された情報。
　❹　知恵とは，人間に関する問題を処理し，解決するための知識の適切な用い
　　　方。

これらの概念は，相互に関連性をもちつつ，データから知恵へと発展していきます。

看護におけるこれらの一例を示しますと，ある成人（Aさんという）の呼吸数を測定すると25回/分でした。Aさんの呼吸数25回/分が「データ」です。成人の通常の呼吸数は16回から20回/分という「知識」によって，Aさんの呼吸は頻呼吸であるという「情報」になります。そこで，この方に呼吸困難の有無を確認し，呼吸に関する他のデータを集めます。そして，Aさんの自覚症状である呼吸困難があれば，少しでも呼吸が楽な体位を勧め，医師に報告して指示を仰ぐという看護実践に活かすことになります。看護における情報は，対象を観察した結果や，対象を計測した数値，そして，対象の訴えを看護の専門「知識」と照合させて解釈・意味づけされたものであり，看護実践に活かされるものです。現在，看護学分野には，看護情報学と呼ばれる学問領域があります。看護情報学の定義は，1989年にジュディス・R・グレーブスとシェイラ・コンコーランによる，「看護実践および看護ケアの提供の支援を目指して，看護のデータ，情報，そして知識の管理と処理を手助けするようにコンピュータ科学と情報科学と看護学を組み合わせたもの」という，看護情報学を概念的にとらえた定義が広く知られています。

2 看護情報システムとは

看護情報システムとは，医療情報システム，つまり，病院情報システムを構成する1つのシステムです。看護情報システムは，個々の入院患者さんに対して適切なケアを提供するために，看護師の病棟業務と管理業務を支援するシステムです。病院情報システムには，メインシステムのオーダエントリシステム（Order Entry System）があり，診療録や看護記録などを作成する機能のある電子カルテシステムと連携しています。個々の患者さんへの最適な看護ケアを提供するために，電子カルテシステムと看護情報システムは，相互に情報交換と情報共有がなされています。

3 看護情報システムとその活用

看護情報システムに蓄積されている看護情報は，看護ケアの方法の記録デー

タになります。それらは，しかるべき倫理的手続をとれば，看護研究に活かされます。また，看護情報システムには，看護業務を支援するために，当該病棟の入院患者さんの日々の治療・検査や看護ケアの一覧等，看護管理業務に活かされる看護度や救護度が看護情報として示され，日々の看護師等の人員配置やチーム間の調整に活用されています。

Ⅱ　医療・看護のリスク・マネジメント

1　リスク・マネジメントの意味

　医療・看護におけるリスク・マネジメントとは，医療サービスを提供する側の過失によって，患者さんやご家族，来院者，そして職員が被害をこうむるのを防ぐことです。しかし，「人は誰でも間違いをおかす」ものですから，その危険性を少しでも減らすための人的（ソフト）・物的環境的（ハード）な対策が必要になります。このような対策は，医療サービスを提供する組織全体で取り組む必要があります。

　日本看護協会の『組織で取り組む医療事故防止――看護管理者のためのリスクマネジメントガイドライン』には，看護におけるリスク・マネジメントとは「関連部門と連携しながら，リスク・マネジメントの手法を用いて，患者・家族，来院者及び職員の安全と安楽を確保すること」であり，その結果として「看護の質を保証し，医療の質保証に貢献すること」につながると述べられています。

2　医療・看護のリスク・マネジメントに関する法

　Ⅲとも関連がありますので，ここでは，病院に関する法のみを挙げておきます。

　わが国における医療安全，あるいはリスク・マネジメントへの取り組みの契機となった医療事故が，1999年1月に起きた特定機能病院での，患者さんをとり違えて手術を行うという事故です。その後相次いで，人命にかかわる医療事故が報告され，当時の厚生省は，2000年3月に「医療施設における医療事故防止対策の強化について」（厚生省健康政策局長・医薬安全局長連名通知）を出しま

した。そして，同年4月に医療法施行規則の一部改正「特定機能病院の安全管理体制の確保について」，さらに，2002年10月医療法施行規則の一部改正によって，医療機関は，医療事故やヒヤリ・ハット事例に関する情報収集と分析を行うと同時に，医療安全に関する指針の作成や教育・研修を行う部門の設置が義務付けられました。2003年4月からは特定機能病院ならびに臨床研修指定病院等に，医療安全管理を行う専従者のいる部署の設置と，2004年10月からは医療事故の報告が義務付けられました。そして，2006年医療法の改正が行われ，1条に「医療を受ける者による医療に関する適切な選択を支援するために必要な事項，医療の安全を確保するために必要な事項」という文言が加えられ，医療を受ける者を中心とする医療の在り方を医療者に意識づけたとされています。

　現在，病院から報告された医療事故は，2015年10月から施行された「医療事故調査制度」の下，厚生労働大臣から指定を受けた，日本医療安全機構に集約され，分析と対策の検討がなされています。また，その結果は，同センターのホームページで公開されています。

3　医療・看護のリスク・マネジメント

　それでは，医療・看護においてどのようにリスク・マネジメントをしているのでしょうか。

　本来医療は，健康の回復や疼痛の軽減という目的のために，手術や投薬に伴うリスクは避けがたいものです。しかし，同じ薬による治療の効果は患者さんによって異なり，注射という方法でその薬を投与する際，注射をする医療者によって，最悪の場合，医療事故につながることもあります。患者さんによって，同じ薬の効果が異なることを予測することは，経験豊かな医師でも難しいでしょう。しかし，同じような患者さん（事例）の情報や学会の報告を調べて，治療に活かしていくことは科学的根拠に基づく医療の提供に不可欠です。

　リスク・マネジメントとしては，注射をする医療者（ソフト），つまり，「人は誰でも間違いをおかす」ものですから，患者さんに不利益を与えないように，組織としてフォローしたり，チェックしたりする体制を整える必要があります。そのためには，事故報告やヒヤリ・ハットの報告からリスクを把握し

て，リスクを分析し，それぞれのリスクに対して対応・対策を講じ，実践し，結果を評価するという過程を，医療安全管理の専門家を中心として，組織全体で共有していくことが重要になります。先にも述べましたが，医療者に対して，医療安全に関する教育・研修や職場での話し合いを定期的に行うことは，医療安全に対する意識を高め，医療安全文化を形成するという点でその効果が検証されています。

　この注射に関するリスク・マネジメントとして，物的（ハード）には，注射をする部位・血管の選定のための専用の超音波や特殊な光による機器，ロック付き注射器，特定のルートにしか使えない注射器等が開発され，使用されています。

Ⅲ　医療事故・医療過誤の予防

1　医療事故・医療過誤とは

　一般的に，医療事故とは，医療施設で発生した，人に対する有害事象全般をさします。たとえば，お見舞いの方が，廊下が濡れていて滑って転び，骨折疑いで診療が必要な場合や，医療者の針刺し事故なども含まれます。一方，医療過誤は，医療者の明らかな過失によって，患者さんに危害が及んだことをいいます。医療事故の責任は，当該医療施設の責任者が負うことになります。医療過誤の直接的責任は，過失を犯した医療者が負うことになります。

2　医療事故・医療過誤の予防

　医療事故の予防は，Ⅱで述べたように，リスク・マネジメントとして，医療施設の医療安全管理室が中心となって，予防対策を立てて実施していくことになります。

　一方，医療過誤は，医療安全に関する教育・研修を実施していても，さまざまな要因で発生しているのが現状です。川村治子は医療における事故を「してはならないことをした事故」，「するべきことをしなかった事故」，「両方の事故」に分類しています。この分類にしたがえば，予防策を考えることは簡単です。「してはならないことをした事故」は「してはならないこと」をしないよ

うにすれば防ぐことができます。「するべきことをしなかった事故」は「するべきこと」をすれば事故を防ぐことができます。「両方の事故」も「してはならないことはしないで，するべきことをする」ことによって防ぐことができます。

　しかし，医療の現場は常に変化し，その場の状況は複雑です。患者さんの急変という緊急事態や，複数の患者さんを担当していることによる業務の中断と注意の分散，時間的な制約によるプレッシャー，コミュニケーション不足・知識不足による不確かな状況認知等，事故につながるような医療現場特有の要因があります。これらの要因は医療者にとって負荷となるため，当該医療施設の医療・看護システム全体として，予防策を講じ，実施していく必要があります。

　医療過誤の予防策として，まず「知」の領域では，「人は誰でも間違いをおかす」というヒューマンエラーの発生に対する認識がもてるように，人間の意識や行動について学ぶことが必要になります。そして「知」・「情」・「意」の領域として「してはならないこと」と「するべきこと」が何なのか，正しい知識を学び，実際に体験できる機会がもてるようにすることが重要です。そのため方法論として，危険予知トレーニングやP-mSHELL分析等の事故分析方法を用いた模擬演習による，危険に対する感度を高めていくことの効果は期待できると思います。

Ⅳ　患者さんへの接遇における課題

1　患者さんを個人として尊重する接遇

　医療社会（医療施設）において医療専門職は，往々にして，糖尿病のAさんというように，Aさん個人を疾病と結びつけてとらえがちです。しかし，本来，Aさんという個人が，さまざまな要因で糖尿病を発症され，診療を受けるために医療施設に来ているわけです。Aさんの人生の中で糖尿病を発症されたことは，とても残念なことですが，Aさんの人生にとってはそのことがすべてではないのです。したがって，Aさんという個人に，1人の人間として，そして，医療専門職としてかかわる必要があります。医療，とりわけ看護

において患者さんを理解することは，患者さんのニーズに合った適切な看護を提供するために不可欠です。そのためには，患者さんがご自分のことを話してもよいと思われるような看護専門職としての身だしなみや姿勢が求められます。また，一般社会と変わることなく，看護専門職という立場にふさわしい言葉遣いや態度がとれて，患者さんと，ある程度コミュニケーションが図れ，相互作用が生まれる関係になったとしても，看護専門職としての節度を保つことは重要です。あくまでも，患者さんと看護専門職という関係性をわきまえて，患者さん主体の看護を提供することが，患者さんを個人として尊重した接遇につながると思います。

2　患者さんへの接遇の課題

　現在，特定機能病院や総合病院における医療は，急性期の医療が中心となり，診療報酬との関係もあって，入院期間も2週間以内と限られています。したがって，このような物理的制約の中，医療者と患者さんとのかかわりは，希薄化しています。一方，医療施設内でのコミュニケーションは，医療情報システムや電子カルテによる情報交換や情報共有で事がすみ，日々の業務の中で，会話を通して他の部署との調整をする機会も少なくなってきています。つまり，各部署の医療者による，患者さんへのかかわりは，電子媒体からの情報による点的なかかわりになってきています。これはもはや接遇ではなく，単に接しているだけです。さらに，いずれの医療者も日々の業務に追われ，身体的・精神的余裕を保てず，時として，患者さん主体ではなく業務主体の思考回路になり，その思考が患者さんへのかかわりに現れていることもあります。

　今後，地域包括ケアシステムの推進もありますが，まず，医療者は，いかなる状況におかれても，個々の患者さんを知り，理解する姿勢とそれぞれの医療専門職として社会から求められる言葉遣いや態度をとり続ける必要があります。そのためには，看護専門職であれば，看護基礎教育の間にこれらの姿勢や態度が獲得できるように努力することと，医療施設に就職後も継続して教育・指導を受け続ける必要があると思います。

V　情報の保証と保護

1　情報の保証と保護

　情報セキュリティという用語は，情報保証（information assurance）という用語とほぼ同義とされていて，コンピュータシステム上の情報のみならず，あらゆる情報の保証・保護に適用される考え方です。1992年に OECD から発表された「情報システムのセキュリティガイドライン」では，情報システムの利用者の利益を守るための「可用性」，「機密性」，「完全性」が情報セキュリティの要件としてあげられています。

　「可用性」とは，情報システムの利用者が決められた方法でいつでもその情報システムを利用できることをいいます。「機密性」とは，コンピュータや情報システムにアクセスする際の ID やパスワードによる認証や，ID に応じたアクセスレベルの設定のように，許可された利用者に，許可された方法で，許可された回数だけ情報が開示されることをいいます。「完全性」とは，データや情報あるいは情報システムの正確性，安全性，完全性が保たれていることをいいます。紙媒体の情報が虫食い状態であれば，「完全性」は損なわれています。データの暗号化は，改ざんを防ぐということも含めて安全性，完全性を高める方法です。以上のような情報セキュリティが維持されていれば，おのずと情報は保証され，保護されていることになります。

2　情報セキュリティの維持・向上のための方法

　情報セキュリティを維持するためには，物理的セキュリティと論理的セキュリティがあります。物理的セキュリティとは，情報を管理する建物や設備・機器を対象としたセキュリティのことで，耐震・防火対策や入退出管理，コンピュータのメンテナンスやバックアップ，データ盗難対策などが挙げられます。論理的セキュリティとは，物理的セキュリティ以外のすべての情報セキュリティをいいます。具体的には，ウェブフォームのセキュリティ，電子メールのセキュリティ，コンピュータのウィルス対策の他，情報システムにかかわるスタッフの健康管理や情報リテラシー教育も含まれます。これらのセキュリ

ティ対策を複数組み合わせて，時に点検・評価を行い，有効なセキュリティ対策の再構築を重ねて行くことが，情報セキュリティの維持・向上につながります。

3 個人情報の保証と保護

情報とは，「あることがらについてのしらせ」のことです。「あることがら」を「個人」に置き換えると，それは個人情報ということになります。ここでは，個人情報の保証と保護について述べます。

前述したように，情報保証とは情報セキュリティとほぼ同義ですから，個人情報の保証とは，本人がいつでも自分のデータや情報を入手することができて，他者によって個人情報が本人の許諾なく公開されたり，個人情報が漏れたり，盗まれたりしないように保たれているということになります。現在，わが国では，国民の情報は，ナンバー化され，コンピュータによる管理がなされています。個人情報の保護については，2005年4月から施行された「個人情報の保護に関する法律」に従って，個人情報取扱事業者は，個人情報を入手，管理，開示を行っています。国および地方公共団体や独立行政法人は，「個人情報の保護に関する法律」と同じ内容の法律や条例に従っています。

ところで，この個人情報は，ある情報で個人が特定されるか否かということが問題となります。このような情報を個人識別情報といいます。医療情報は，個人識別情報を多く含んでいます。この中で，特に取扱いに注意を要する宗教や信条，本籍地などの情報を，センシティブ情報といいます。さらに生命や人生にかかわる遺伝子情報などは，ハイセンシティブ情報といわれます。医療情報に関しては，「個人情報の保護に関する法律」の施行前の2004年12月に，「医療・介護関係者における個人情報の適切な取り扱いのためのガイドライン」が出されています。さらに，2005年に日本看護協会から「看護記録および診療情報の取り扱いに関する指針」が公表され，2018年に改正されましたが，基本的には2005年に公表された指針に従って医療情報は取り扱われています。

医療情報はとりもなおさず患者さんの個人情報です。その保護という点では，医師と助産師は，医療法で個人情報の漏示を禁じられており，刑法で秘密漏示罪を問われます。看護師は，保健師助産師看護師法で守秘義務が，その他

の国家資格を有する医療従事者も各身分法で守秘義務が謳われていて, 同法に罰則規定があります。これらの法と並行して, 患者さんの権利として, プライバシーの権利, 知る権利, 知らないでいる権利も認められています。患者さんのことをよく理解したうえで, 患者さんとの意思疎通を図りながら, 患者さんを中心に, 情報の共有に努める必要があります。そして, 最も重要なことは, 医療従事者として, 情報漏えいに関する感受性を高め, 情報モラルの意識を向上させていくことです。

本節のまとめとして, 1999年4月に前厚生省健康政策局長他による「診療録等の電子媒体の保存について」という通知にある「電子保存する場合に満たされなければならない基準」(電子保存の3条件) を挙げておきます。

①真正性の確保

故意または過失による虚偽入力, 書き換え, 消去および混同を防止すること。作成の責任の所在を明確にすること。

②見読性の確保

情報の内容を必要に応じて肉眼で見読可能な状態に容易にできること, 情報の内容を必要に応じて直ちに書面に表示できること。

③保存性の確保

法令に定める保存期間内, 復元可能な状態で保存すること。

VI 看護師の良心とパレーシア

1 看護師の良心

良心という言葉は, 『広辞苑〔第七版〕』に「何が善であり悪であるかを知らせ, 善を命じ悪をしりぞける個人の道徳的意識」とあります。おおむね, 看護師をめざす人は, 病気やけがで苦しんでいる人たちの力になりたいという, 利他的な思考をもっていると思います。したがって, 看護師の良心とは, 利他, つまり看護の対象 (以下, 患者さんという) にとって, 善い看護を提供していくことだと思います。そのためには, 個々の患者さんにとって善い看護とは何かを常に考え, 日々の看護実践について自省し, さらにもっと善い看護を追求し続ける必要があります。しかし, その過程では, 1人の人として, 利己的な思

考にとらわれることもあるでしょう。けれども，看護師という専門職として患者さんとかかわっている間は，自分に厳しく利他的でいることが，看護師の良心を具現化していることになると思います。

2　パレーシア

パレーシア（Parrhesia）という言葉は，看護界では聞きなれない言葉だと思います。パレーシアの概念については，フランスの哲学者・思想家のミシェル・フーコーが晩年に研究し，大学の講義においてその分析が述べられています。この言葉は，紀元前5世紀のギリシャにおいて，政治的な概念として用いられていました。ペルシア戦争で勝利を収めた当時のポリス，アテナイでは，3つの要素がその民主制を維持し，ポリスを守る兵士の士気を高めていました。その3つの要素とは，イセーゴリアという平等な発言の権利，イソノミアという法の前での平等，そして，パレーシアが自分の考えることを自由に語る権利でした。

しかし，フーコーによれば，アテナイに居住していたソクラテスが，真理を語る者（パレーシアステース）として，パレーシアの概念を政治的な意味合いから変えていったようです。初め，ソクラテスは公人として政治的なパレーシアを行使していましたが，支配者からの圧力を受け，私人として真理の探究のために，町の人々と語り合うようになりました。真理とは何かという問いの答えを見出すことはできませんでしたが，究極的に，ソクラテスのパレーシアは，「自己の生の吟味であり，自分が正しく生きてきたかという道徳性の吟味」を含む概念になりました。

フーコーは，古代ギリシャのポリスにおける初期のパレーシアステース（真理を語る者）としての条件を3つ挙げています。

①パレーシアステースは自分が真理だと思うことを語らねばならない。自分の考えることを包み隠さず，他者に告げる必要がある。

②その発言は自由に行わなければならない。法廷で証言を要求されたときに真理を語るのは，パレーシアとはいえないのである。

③パレーシアステースは語りかける相手を批判し，援助し，改善させるために，自分のリスクの下で語るのでなければならない。

3 看護師の良心とパレーシア

　看護師は，看護専門職として，自らがかかわる患者さんに対して，誠実であり，誠意をもった真摯な態度で，看護を実践する必要があります。看護専門職としての判断は，あくまでも患者さんの利益，言い換えれば，患者さんの意思がかなえられることが優先されます。この優先順位は，患者さんの権利を護る立場として揺るがないものだと思います。

　しかし，臨床現場の日常的な例として，看護師による入浴介助の必要な方の入浴が，当日の看護師不足を理由に，看護補助者による清拭に替えられる等，組織の都合によって患者さんのニーズが満たされないことは往々にしてあります。良心をもった看護師は，その日そのことで悔いが残ることになります。この悔いが重なると，サラ T. フライがいう「道徳的悩み」になり，いずれはバーンアウト，そして離職につながるといわれています。更に，医療施設という組織をあげて，患者さんの不利益となることを隠ぺいする姿勢を知った看護師は，そのことがトラウマとなり，「道徳的悩み」となって，離職に追い込まれていきます。

　さて，ここで，看護師が真実を公表することは，看護師の良心でしょうか，それともパレーシアでしょうか。患者さんの利益を優先するという利他の考えに従えば，看護師の良心であり，組織の悪を正すということにつながるとすれば，フーコーが定義した，古代ギリシャのポリスのパレーシアステースと同じ役割を果たすことになると思います。そして，このような行動は，次第に社会として組織に潜む悪を正し，ひいては善なる社会にかえていくという社会的な意味をもつようになると考えられます。

▶ポイント整理◀

　本章では，今日的な看護師の倫理的課題となる事柄について述べました。
　まずは，IT 化が進み，コンピュータによる情報処理の時代，医療の現場においても医療情報システムや電子カルテシステムが急速に普及しています。これらの医療情報システムや電子カルテシステムから，いかに看護情報を収集し，看護実践に活かしていくのかについて述べました。また，コンピュータや医療情報システムの情報セキュリティについても，患者さんの個人情報の保証と保

護という点で，看護師の倫理的課題として，日常の看護業務において慎重に取り扱うべき必要性について述べました。リスク・マネジメントについては，医療事故・医療過誤予防と関連づけて述べました。最後に，看護哲学的な事柄として，「看護師の良心」を問うことで，今の看護師に自省を促し，「パレーシア」という概念を用いて，看護の新たな社会的な役割についての試論を述べました。

Ⅶ　事例を通しての理解

1　事　例

　Aさん，70歳，男性，肝臓がん末期の方です。現在は，腹水が貯留していて，身体を動かすと呼吸が苦しくなっています。看護師2名が支えて，ベッドから移動しています。アンモニアの数値が上がり，肝性脳症の初期症状で，うとうとしていたり，ぼーっとしてたりする時間が長くなっています。Aさんは，妻を先に亡くしており，保健師をしている娘さんが，夜間付き添っています。Aさんは，「自分の意識がある間は，トイレで排泄をさせてほしい」と娘さんにも，その病棟の看護師にも意思表示をしていました。

　ある晩，Aさんはトイレに行くのが間に合わなくて，ベッド上で失禁してしまいました。夜勤の看護師は，Aさんに清拭をして，シーツ等も清潔なものに交換し，「夜間はベッド上でお小水を取りましょうか」と告げました。その後，Aさんは黙ってしまい，娘さんは「父の希望はかなえられないのでしょうか」と悔し泣きをされました。

　今後，看護師はどのような看護を提供すればよいでしょうか。（本事例は実際にあった事例です。）

2　事例へのアプローチ

　筆者は「看護師の良心」という立場で，意見を述べます。

　患者さんの利益を優先する，つまり，看護者さんの意思が尊重された看護が提供されることが望ましいと考えます。この事例の場合，「自分の意識がある間は，トイレで排泄をさせてほしい」ということです。しかし，体動時に呼吸困難がみられることや，肝性脳症でうとうとしている状態で，トイレに行くこ

とは，転倒の危険，呼吸困難による病状の悪化を伴います。特に夜間，看護師2名の確保は難しく，娘さんが介助することになります。毎日のことで娘さんも疲れます。

　そして，失禁という事態で，Aさんもショックを受け，看護師も，数十分間他の患者さんのところに行けない状況になったことは事実です。看護師の「夜間はベッド上でお小水を取りましょうか」の発言は，単に失禁後のケアに時間がかかるということよりも，患者さんがトイレに行くことで苦痛が増し，病状が悪化し，死期が早まることを危惧してのことだと解釈できます。看護師の責務の中に「苦痛の軽減」があり，患者さんの意思をかなえれば，Aさんの身体的苦痛が増強するため，この責務に反することになりかねません。

　しかし，排泄は自尊感情に影響を及ぼす行為です。「トイレで排泄する」ことは，AさんがAさんとして生きている証であり，Aさんの自尊心を保つうえで他の何物にもかえられないことなのです。つまり，Aさんの精神的苦痛は，「トイレで排泄できなくなる」ことなのです。したがって，看護師は，Aさんと娘さんに，トイレに行くことの危険性をよく説明して，夜間は娘さんの助けを借りながら，Aさんの意識がある間はトイレにお連れすることを，Aさんの意思を尊重した看護として提供していくことになります。

　Aさんの意思をかなえることは，言い換えれば，死期が近い方との約束をどこまで守れるかということです。やはり，そこには，取り返しのつかない生命に対する看護師のゆるぎない良心や誠実さが不可欠です。

【参考文献】

中山元『賢者と羊飼い　フーコーとパレーシア』（筑摩書房，2008年）

日本看護協会編『看護に活かす基準・指針・ガイドライン集2018』（日本看護協会出版会，2018年）

川村治子『系統看護学講座　統合分野　医療安全』（医学書院，2018年）

太田勝正・前田樹海『エッセンシャル看護情報学〔第3版〕』（医歯薬出版，2020年）

7 看護師の法的責任

キーワード

| 民事責任 | 刑事責任 | 医療事故 | 医療過誤 | 債務不履行責任 | 不法 |
| 行為責任 | 因果関係 | 罪刑法定主義 | 構成要件 | 違法性 | 責任 |

I 看護師の病院勤務の中での責任

1 民事責任と刑事責任

医療上のトラブル（事故・医療過誤・事件など）に対しては，法律上2つの方法によって責任が追及されます。1つは，発生した患者さんの損害を金銭により補填する方法です。これを「民事責任」といいます。被害者（患者さんや家族）が加害者（病院，医師，看護師など医療関係者）を訴える場合，民法など民事法の手続で処理します。もう1つは，トラブルを発生させた者に対して行為に応じた社会的な責任を負わせる方法です。これを「刑事責任」といいます。刑事責任は，社会に対して害悪が発生することを刑罰の威嚇によって防止する社会防衛機能および（発生した害悪に対して刑罰を科すことにより）社会正義を実現する機能をもっています。刑法など刑事法の手続で処理します。

民事責任を求める根拠にはさらに，刑法など刑事法以下の2つがあります。①患者さんと病院との医療契約が医療行為上のトラブルにより本来の目的を達成することが出来なくなったこと（契約違反）を根拠として賠償を求める方法。②違法または不当な医療行為（不法行為）により患者さんの権利・利益を侵害したことを根拠として賠償を求める方法。前者を「債務不履行責任（民法415条）」といい，後者を「不法行為責任（民法709条）」といいます。

ところで，患者さんが債務不履行責任を根拠として民事責任を追及する場合，たとえば，病院と患者さんとの医療契約に基づき医療行為が行われた場合

に，医療上の事故があれば，民事責任として，第一次的に責任を問われるのは主治医が勤務する病院であって，看護師が医師から任された業務にミスがあり，患者さんが損害を被ったときも，病院と患者家族との関係で処理され，看護師が被告として名指しされることはありません。しかし，刑事責任については，病院や医師ではなく，現場の担当看護師は，ミスについて直接刑事責任を問われます。

2　看護師の勤務内での責任

　看護師の勤務の中での責任は，病院など勤務先の行動規範など勤務先が定めた規則に違反した場合は，勤務先病院の中での制裁（ペナルティ）として「譴責（けんせき）」「減給」「出勤停止」「降格」「諭旨解雇」「懲戒解雇」など懲戒処分を受けることがあります。つまり，法律に違反したのではないが，内部規則に違反したことで処分を受けます。勤務先の懲戒規定を確認しておく必要があります。もちろん，その処分に納得がいかなければ，まず病院内部の不服申立手続で争い，さらに裁判で争うことは可能です。ただ，処分の前に，本人が弁明する機会を与えなければ，病院側の手続違反となり，担当看護師は勤務先病院に対して，「違法な」処分として争うことになります。

　債務不履行責任は看護師が負うことはないといいましたが，看護師の担当する業務にミスがあり，医師がそのミスに気付かず，事故に発展した場合は，被害者である患者側の弁護士は，担当看護師を被告に加えることがあります。この場合，看護師としては，「担当医師の指示を守ったと言えるか否か」が問われることになります。もし，担当医師の指示が明らかに誤った指示である場合には，看護師としての対応は微妙になります。たとえば患者さんに対する主治医の投薬指示が（看護師の知識からみても）明らかに誤ったと思われる場合は，「このまま投薬して大丈夫ですか」と，いったんは看護師長の判断を仰ぐべきです。看護チームとして主治医との連携を取りながら医療の一部を分担する以上は，個別の指示について担当医師との意思確認は不可欠です。

II　医療事故と医療過誤

1　医療事故

　医療は人の健康状態が損なわれた場合に，これを回復することが必要であり，その処置については，人の生命にかかわることから，特別な資格（医師免許）を有する者のみが処置（手術，投薬など医療行為）を行うことができます。たとえば，医師が手術のために患者さんの腹部を切る行為は，形としては「人の腹部を傷つける行為」であり「傷害行為」と変わりありません。しかし，資格ある医師は患者さんの治療目的のために患部である腹部を切ることは治療行為であり，基本的に社会と患者自身の要請に応じて行っており，なんら法律に違反しているといわれることはありません（正当業務行為，刑法35条）。

　同様に，看護師も医療職の一員として，患者さんの健康の維持回復のためにその専門性をもって一定の責任と権限をもってかかわっているのであり，その医療処置に落ち度があってはなりません。事故の責任を問題にするときに，看護師が「医療事故」（第 **6** 章Ⅳ参照）は医療行為の中で不可避的に生じうるものと達観してしまうと「事故は避けられない」と安易に許してしまうことにつながります。安易に事故を許してしまうことは，次の事故を誘発してしまうことになります。事故には必ず「その背景となった原因」があるのであり，事故につながった因果関係を手繰って行けば，その原因を解明することで次の同様の事故を回避することにつながります。

　「想定外の事故」という言葉が担当者の言い訳として発せられることがありますが，「想定できなかったこと」自体に将来予測が甘かったと指摘されるでしょう（結果予見義務，結果回避業務違反）。事故は緻密な将来予測をすることで，限りなく縮小させていくことができます。それだけ医療職には事故防止の信頼が寄せられているのであり，医療者が「不可抗力」という言葉を使うことは「医療行為に対する信頼性，安全性」に対して社会の期待を裏切る言葉といえるのではないでしょうか。

2　医療過誤

　「医療事故」が生じた場合に，その結果から直ちに「医療過誤」（第**6**章Ⅲ参照）と評価されるのではありません。「過誤」とは，その「事故」が担当した医療者の「落ち度と評価する」ことを意味するのであり，「事故」という発生した事実の認識と，その事故に対する法的評価としての議論を区別しておく必要があります。ただ，法的評価としては「事故の結果が生じた」ことから直ちに担当者の責任（過誤）を認めてしまうと「結果が生じた以上責任あり」となり，誰も医療行為とかかわることに躊躇することになってしまいます。そこで，法的評価としては，結果責任（被害の結果が生じた以上，医療者に責任がある，という考え）を問うのではなく，事故の結果発生を防止するために通常要求される注意義務を払ったにもかかわらず，生じてしまった行為（結果予見業務，結果回避義務を尽した行為）については，法的責任を問わないこととしています。

　前述したように，「医療事故」は医療行為の中で不可避的に生じうるものと達観してしまうのは早すぎます。何よりも「事故はない方が良い」のであり，「できれば生じないようにすべきである」ことに反対する医療者はいません。ただ，そのような思いをもっていても，常に最善を尽くしているわけではありません。たとえば，手術に集中できていないまま担当医師として執刀したり，担当看護師として手術に関与してチーム医療として大きなミスにかかわってしまうこともあります。

　このような事故が生じた場合に，医療者側に何らかの法的な注意義務に違反したミスがあったと思われる場合を「医療過誤」と位置づけます。医療事故には，医療者に何らの落ち度もない「やむを得ない事故」もありますが，「適切に注意義務を果たしておれば回避できた事故」もあります。このような避けられた事故を生じさせた場合は「医療過誤」として，その医療者（チーム医療に参加した主治医も看護師も）の一連の行為について法的責任が問われることになるのです。

Ⅲ　看護現場の医療過誤

1　医療過誤における看護師の職業意識

　医療過誤とは，「看護師など医療にかかわる者が，専門職として求められる社会通念上の注意をもって業務を遂行していれば防止できた医療行為のミス」をいいます。看護師の処置や連携ミスなどが医療過誤に当たります。

　医療事故は，医療過誤に限定されず，被害が患者さんのみならず医療従事者にかかわる事故を広く含む用語として用いられます。なお，わざと患者さんの生命や身体を傷つける行為は，過誤や事故ではなく「事件」といいます。

　看護現場において，人為的ミスを完全に無くすことは困難です。しかし，日頃から小さなミスが重大な，そして取り返しのつかない結果を誘発するという意識を看護師1人ひとりがもっていれば，リスクを減少させることは可能です。それゆえ，看護師は，医療過誤や医療事故がどのような法的責任につながるかを知る必要があります。

　医療過誤で患者さんが生命や身体機能に損傷を受けた場合，患者さんは，また亡くなった場合にその家族は，医療機関や医療従事者を相手に民事訴訟を起こします。発生した損害（将来所得の喪失，諸経費の支出，精神的苦痛など）を金銭に見積もり賠償を求める民事訴訟の場合，看護師など医療従事者の過失責任（不法行為責任）を問うには，患者さんの側がその経過を詳細に立証しなければなりません。事実関係を明確にする責任（立証責任）は，原告である患者さん側にあります。ただ，債務不履行責任の場合は，医療従事者側が「不履行がなかったこと」を立証しなければなりません。

　しかし，医療知識に乏しい患者さんには，十分な立証ができず，裁判で勝訴することは難しくなります。それゆえに，看護師の職務目的が患者さんの個人の尊厳保障である以上，日頃の業務において，患者さんに過度の負担を強いることのないように医療過誤には十分な注意を払う必要があります。

2　病院の医療過誤

　病院に入院中の患者さんに医療過誤があると，患者さん本人から，また患者

さんが死亡した場合は，その遺族から病院の医事課もしくは主治医に，手紙もしくは電話で，説明を求める連絡が入ります。その時点では患者さん側が争う構えではないので，まだ弁護士が介入していないことが多いです。この時点で，場合によっては担当看護師に直接問い合わせが入ることがありますが，病院側の責任の問題に関係する可能性があり，看護師の判断で即答するのではなく，全て病院側の窓口である看護師長を通じて回答するようにしてください。

　医療過誤が発生すると，病院としては，患者さんに対する応急処置に追われることになり，看護師も一体となって動きます。患者さんの体調変化程度で終息せず，死亡に至る大きなリスクが発生することがあります。当然，過誤の経緯について，病院内部の調査が始まります。応急処置に追われていると医療行為自体の記憶が薄れ，一部が抜け落ちたり，複数の患者さんの中で，過誤に遭った患者さんの記憶について混乱したりすることがあります。もし，出来事の順序を間違えて整理するなどがあると，主治医や病院全体での事実把握が混乱し，全体把握が遅れる可能性もあります。そこで，過誤にかかわった者全員が一体となって検証に参加することになります。

3　訪問看護の医療過誤

　看護師が医療過誤に遭遇するのは，病院の中だけではありません。訪問看護ステーションから派遣された先での過誤もあります。もちろん，患者さんに対する最終判断は主治医が行いますが，訪問看護などの場合では，患者さんは症状が安定していることが多く，基本的な主治医の指示の下で，看護師が訪問先でバイタルサイン（生命徴候）をチェックし，服薬管理をするなどの基本的な看護が多いと思われます。当然「現場での唯一の医療職」として，患者さんを観察し，その異変に気づき，主治医に連絡する責任は重要です。主治医に的確に患者さんの異変を伝えるだけのポイントを押さえた現状把握（バイタルサインだけではなく顔色，マヒ，失禁，発言など）は重要になります。

Ⅳ　看護にかかわる法的な責任

1　看護師が問われる民事責任の制度的理解

(1)　債務不履行責任と不法行為責任

　前述のように民事責任には債務不履行責任と不法行為責任とがあります。債務不履行責任は，契約の完全履行をしない場合の責任です。契約とは，互いに相対立する複数の意思表示（医療契約では，治療や手術を受けたいという意思表示と治療や手術をするという意思表示）の合致により成立する法律行為（一定の法律効果を欲する人に対し，その欲するとおり法律効果を与える行為）をいいます。一方，不法行為とは，ある行為によって他人に損害が発生した場合に発生した損害の賠償を行為者に負わせる制度をいいます。看護師の不注意で医療過誤が発生した場合には，看護師は患者さんと治療契約をしたわけではありませんから契約責任は発生しません。看護師の民事責任としては不法行為責任が問題となります。

(2)　医療契約

　入院中の患者さんは，病院との医療契約（第**2**章Ⅳ4参照）により入院となり，治療が終われば退院となります。その際に病院は，治療に要した医療費（手術など病院が受け取る報酬）を受け取り，薬局が医師の処方した薬剤を患者さんに手渡し，薬剤費を受け取ることになります。つまり，医療サービスについては契約関係が基本として成立しており，もし医療過誤などがあれば，患者さんが病院に対して，医療契約に違反したとして，病院を訴えることもあります。開業医の場合も，「医療法人」と「医師」とを区別して，「医療法人」を訴えることになります。

　その場合は患者さんと契約をしたのは病院なので，病院自身が被告になり，主治医は「病院に雇用されている者」として直接被告になることはなく，看護師も同様で「病院に雇用されている者」として主治医と同様の関係になります。ただ，実際の裁判の進行に際しては，当該手術などを担当した主治医と担当看護師が過誤の事実関係を一番知っていることから，病院側として，その主治医と看護師との綿密な打ち合わせが必要になります。

ところで，患者さんの中には，被告として病院だけではなく，主治医や担当看護師も名指しすることもあります。法的には，医師も看護師も病院の内部のスタッフであり，患者さんとは直接の契約関係はありません。したがって，たとえば，患者さんが担当看護師の契約責任ではなく，「不法行為責任（過失責任）」を問うことも考えられます。この点は後述します。

2 看護師が問われる刑事責任の制度的理解

(1) 故意犯

次に，もし近時報道された事件のように，「看護師が特定の患者の点滴に消毒薬を混入させた」といったような場合は，看護師は「病院に雇用されている者」であっても，刑事責任は「当該犯罪行為を行った者」として個人責任を問われることになります。罪名としては，もし前述のように消毒液を混入させたとすると，毒物を体内に混入させたことにより，患者の健康被害を認識し認容した，つまり傷害罪の「故意」があり傷害罪（刑法204条）が成立します。その結果，患者さんが死亡した場合には傷害致死罪（同法205条）が成立することになります。また，そのことで患者が死ぬかもしれないが死んでもよいと認識し認容していた場合は，殺人罪の故意（「未必の故意」といいます）があり，死亡した場合には殺人罪（同法199条）が成立します。死ななかった場合でも殺人未遂罪（同法199条の未遂罪，203条）が成立します。

(2) 過失犯

もし，通常の治療行為の中で医療事故が起きた場合には，患者さんの重い被害が発生することは認識認容していたことになりませんから「故意」はありません。しかし患者さんに健康被害を生じさせないようにする注意義務を怠った場合は業務上過失傷害罪もしくは業務上過失致死罪（刑法211条）に該当することになります。「過失」とは，自分の行為から，一定の結果が発生することを認識できたのに，不注意で認識を怠った心の状態をいいます。日本の刑法は原則として，故意の無い行為は処罰しません。例外的に過失犯として規定されている場合にのみ処罰することになっています（同法38条1項）。

「故意」の行為とは，「その行為により，患者さんに法益侵害（死亡したり身体機能が低下したりすること）が生じることについて認識しながら，思いとどま

ることなく，生じても構わないと思って，行為に出たこと」に対する責任です。法の禁止（〜してはいけないと規定していること）を知りながら法を無視した行為をすることから，その損害に対する責任は重くなり，処罪対象になります。

(3) 看護師の行為の予見可能性

看護師は日常の業務を行ううえで，その業務行為より法益侵害（事故）があることを予見する義務があります。予見できたにもかかわらず安易に予見せず，さらに法益侵害の発生を回避する義務を果たす行為に出ることが可能であるにもかかわらず，漫然と放置したことから法益侵害の結果が生じた場合に，結果予見義務違反，結果回避義務違反を根拠に，過失責任が問われることになります。

刑法上過失責任（民事上の責任も同様）が成立するための要件としては，看護師が患者さんにその処置をすれば患者さんの健康被害が発生することを事前に「予見することが可能」である時には，その「結果を予見する義務」があります。その結果の発生を予見した以上は「結果発生を回避する義務」があります。それゆえ，その結果回避義務を怠ったといえる場合には，過失責任を負うことになります。したがって，看護師に刑法上の過失責任を問うためには病院自体が刑事責任を問われることはなく，主治医や担当看護師個人が警察で取り調べを受け，場合によっては逮捕され，刑事被告人として起訴されることになります。

V　看護師のリスク・マネジメント

1　看護師の法的自己防衛

看護師がかかわった病院で医療事故があり，患者さんが不幸にも亡くなったとします。患者さんの遺族は「病院はちゃんと治療してくれたのか」「看護師はちゃんと看護してくれたのか」とあれこれ思い出しながら，犯人捜しを始めることがあります。「医師はちゃんと患者を診てくれていたのか」「診断にミスがあったのではないか」，そして「看護師は主治医の指示通りの薬を投与してくれたのか」など，その犯人探しは看護師もターゲットにさせられてしまいま

す（リスクマネジメントについて，第**6**章Ⅱ3参照）。

　看護師は，医療に携わる以上は，このような視線に動じない確固とした心構えをもち続け，日ごろから心の準備をしておく必要があります。と同時に医療過誤，医療事故・事件にかかわる不法行為責任の枠組みを知っておくことは大切です。

　不法行為とは，ある者が他人の権利または法律上保護に値する利益を違法に侵害し，損害を被らせた場合に，加害者に賠償を負担させる制度です（民法709条）。この制度の趣旨は，発生した損害の公平な分担にあります。賠償の方法は，民法では金銭賠償を原則としています（民法417条）。

　不法行為が成立するためには，第1に加害者に故意・過失があることです。たとえば，医療の現場で，看護師がわざともしくは，うっかりミスで患者さんの生命や身体に損害を与えたことです。第2に加害行為と損害との間に「因果関係」があることです。「因果関係」とは原因と結果の一定の関係をいいます。医療事故や医療過誤で訴訟になった場合，因果関係の有無を立証する責任（不法行為責任の場合）は，被害者である患者さんにあります。しかし，医療現場における病理学的因果関係を現代の最新の医学技術に照らして科学的に立証することはきわめて困難です。

　それゆえに，因果関係の証明は完全無欠な科学的証明ではなく，「医学の一般的な経験に照らして，全証拠を総合検討し，特定の事実が特定の結果発生を招来した関係と認められる高度の蓋然性（可能性）を証明することである」とされています。このように，看護師の不法行為責任を問うためにはそれだけの「証明」というハードルが課されているということです。

2　損害賠償の実務上の扱い

　損害賠償額が訴訟で確定すれば，勤務先の病院が加入している損害保険で支払ってもらえなければ，加害者である看護師が任意に支払うか，その個人資産に対する差し押さえを受けることになります。しかし，通常，患者さんの側（被害者側）は損害の回復を目的とするので，看護師の他に資金的に潤沢と思われる病院や主治医を加えて訴えることが多く，それらから回収すれば足りることになると思います。担当看護師を訴えて勝訴しても支払い能力が十分でなけ

れば勝訴判決を得ても強制執行できず，判決をもらう意味がないことになります。

　その意味で，被害者（原告）は，看護師に民事責任を問うことはまれです。特に死亡事例を考えれば，訴訟による損害は最低でも2000万円を下ることはなく，裁判所に支払う印紙代は8万円，弁護士に対する着手金は通常「請求額の8％」で，160万円を前金で支払わなければなりません。患者さん側としては回収（勝訴）見込みを考えて，誰を訴えるか，選択し絞り込むことになります。

　そこで，「不法行為責任」と「契約違反（債務不履行）責任」とは同じ事故でも法的責任理由が異なり，不法行為責任を問う方法では原告側（医療事故の被害者）が病院側の故意，過失を立証する負担は重く，契約責任を問う方が軽くなります。したがって通常は契約違反の責任を問うことになります。治療契約では患者側は病気や怪我の治療を求めており，その中で検査ミスや手術のミスで治療できず，却って症状が悪化し，最悪患者が死亡したような場合は患者さんの遺族は病院を訴えることになります。遺族は病院と治療契約をしたわけではありませんが，患者さんが治療契約した以上，死亡した患者さんが一旦死亡による損害賠償請求権を取得したうえで遺族が相続するという手順になります。詳細は専門書を参照ください。

　このように，民事裁判において上記の通り「何を理由として訴えられたか」をまず確認する必要があります。契約違約違反を理由とした裁判なら通常，患者さんは病院と治療契約をしているので，個々の担当医師や担当看護師が個人責任を問われることはありません。

VI　看護師に必要な刑法の基礎知識

1　遺族の感情と量刑

　刑事責任は契約による責任とは異なり，刑罰としてその加害者を刑務所に収監することを前提としていることから，たとえば病院が懲役刑を受けることは不可能であり，その犯罪行為を行った看護師個人の罪が問われることになります。したがって，看護師による殺人行為や誤薬による注射のため症状が悪化するなどの場合は，被害者遺族の怒りは看護師に向かうことになります。

最近，高齢者施設に勤務する看護師が利用者（高齢者）に対して点滴の中に消毒役を混入させて，病死したものと見せかけたことが判明し，担当看護師が殺人容疑で逮捕された事件が報道されていました。その看護師がどのような動機で利用者を殺害する行為に出たかは，想定できませんが，これが事実とすると，遺族の怒りは当該看護師に向かうことになります。たとえ，その看護師から損害賠償で回収できる見込みがないとしても「許せない」との思いから当該看護師を刑事告訴することは考えられます。これを踏まえて，検察官が看護師を起訴し，有罪判決を求めることになります。

つまり，刑事責任（殺人罪，傷害罪など）は，遺族の感情とは別に，検察官が起訴して加害者は刑事処罰を受けることになります。刑事処罰の際の「量刑（懲役何年が相当か）」については，被害弁償の程度，被害者の宥恕なども考慮されるので，先に民事責任を果たしている場合は，その誠意は量刑の際に加害者に有利に働くことになります。また，有罪でも情状を考慮して執行猶予（刑法25条）になることもあります。

2　刑事責任と看護師資格

刑事責任を問われるということは，警察に逮捕され，検察官に起訴され，刑事裁判で場合によっては「有罪」となり，その結果「実刑」となれば，刑務所に収監されることになります。もちろん，看護師資格も抹消されます（保健師助産師看護師法9条）。罰金以上の刑に処せられても，「執行猶予」が付いて，猶予期間を取り消されることなく無事経過した場合は「判決の言い渡しはなかったことに」なります。ただ，罰金刑は執行猶予が付くことは少ないので，罰金を納付させられ，資格はく奪になる可能性があります。犯罪成立要件は，幅が広く，境い目が明確ではありません。個別の案件毎に担当裁判官が判決を言い渡します。

3　刑事責任の基礎知識①「罪刑法定主義」

刑事責任は契約による責任（債務不履行責任）とは異なり，自然人（人間）である加害者を刑務所に収監することを前提としていますから（前述の通り），刑事責任においては，反社会的な行為（犯罪）を行った看護師個人の罪が問われ

ることになるのです。

　刑事責任は全て法律により予め刑罰法規として定められています。これを「罪刑法定主義」といいます。罪刑法定主義とは，犯罪行為をしたときにその行為を犯罪とし，事前に，刑罰を科する明文化した法律の条文がなければ，その行為を処罰することができないという原則です。ですから，当該行為の後で法律をつくり，その行為を処罰することはできません。日本国憲法では，31条の法の適正手続，39条の事後法の禁止の規定により罪刑法定主義を採用しています。

　刑事責任を問う根拠法である刑法は，私たちの生命を剥奪する強い権限をもっています。それゆえに，罪刑法定主義の原則から以下の原則が派生しています。第1は，成文法主義の原則です。慣習法では曖昧で，私たちに明確に禁止行為を伝えることができません。それゆえに，慣習法を処罰の根拠にしてはならないのです。第2は，刑罰不遡及の原則です。これは，行為の後から制定した法により，制定前の行為を処罰できないという原則です。刑罰不遡及の原則がなければ，私たちは，いつも国家権力に怯えながら生活しなければなりません。第3は，明確性の原則です。この原則は，刑罰規定の内容が明確でなければ処罰できないということです。第4は，絶対的不定期刑の禁止の原則です。これは，刑罰の言い渡しにおいて刑罰の内容と，その期間を全く定めないことを禁止することです。絶対的不定期刑では，「どのような犯罪をすれば」，「どのような刑罰がくだされるのか」の予測ができず，私たちは，常に萎縮しながら生活しなければならなくなるので，罪刑法定主義に反するのです。

　この罪刑法定主義によって定められた「禁止規範」に違反した場合に，その法律に定められた刑罰の範囲内で処罰が科せられます。現在の日本では自由刑（身体の自由を奪う刑）には懲役刑（強制労働が科せられる），禁固刑（強制労働は科せられない）があり，この他死刑，財産刑としては罰金刑，科料が科せられます。

4　刑事責任の基礎知識②「犯罪の成立要件」

(1)　構成要件該当性

　医療行為は患者さんの自己実現を支援し，個人の尊厳を保障する大切な役割をもっています。しかし，人の体を傷つけるなど犯罪行為と近似している側面

があります。それゆえに，看護師として職務を行ううえで，自己の行為が正当化される理由を理解しなくてはなりません。たとえば，注射を打つ行為は，患者さんの身体の生理機能を害する側面があることから，傷害行為に類似しています。では，なぜ傷害罪にならないのでしょうか。

犯罪が成立するためには，3つの段階でチェックします。第1の段階が犯罪類型にあてはまること（構成要件該当性）です。犯罪行為となるためには，刑法が予定している行為類型に該当しなければなりません。傷害罪ならば，棒で殴るとか手拳で殴打するとか，毒薬を散布するなどの定型性が求められます。ですから，いくら人を傷つけようと思って傷害の定型性のない行為をしても傷害罪にはなりません。注射を打つ行為は，傷害の定型性があるので，第1段階の構成要件該当性を満たします。

(2) **違法性**

構成要件該当性を満たした場合には，第2の要件の違法性を検討します。犯罪の定型性のある行為であっても①正当防衛，②緊急避難，③正当業務行為の場合には，違法性が認められず，犯罪は成立しません。これを違法性阻却といいます。正当防衛（刑法36条）は，急迫不正の侵害に対して，自分の生命や身体を守るため，侵害される法益の相当性の範囲で防衛行為の違法性を無くすことをいいます。

看護をしている過程で患者さんから暴力行為を受けて，反撃をする場合があります。その際，手拳で攻撃を受けたのに，ナイフで応戦することになれば，相当性を欠き，過剰防衛となって違法性は阻却されません。

緊急避難（刑法37条）は，自分または他人の生命・身体・自由・財産その他の法益に対する差し迫った危難を避けるために，他に方法がない場合に，やむを得ず他人の法益を侵害する行為をいいます。たとえば，災害救護の現場で，転倒した高級家具に体が挟まっている被災者を救済する場合，高級家具を破壊しても緊急避難として器物損壊にはなりません。また，事故や災害現場でいったん看護師の救助対象になった場合に，トリアージで重症者や乳幼児を優先して，助かる見込みのない人や，軽症者を放置したとしても保護責任者遺棄罪の違法性はなくなります。

正当業務行為（刑法35条）とは，刑法の規定に該当する行為の場合でも「正

当な業務」に該当する場合には，違法性が阻却され処罰の対象にならないことをいいます。たとえば，看護師の注射，医師の外科手術などは一般的には傷害行為ですが，それぞれの医療従事者の正当業務として認められれば，傷害罪にはなりません。ただし，社会通念から判断して，業務の目的を逸脱した場合には，刑罰の対象になることがあるので注意が必要です。たとえば，わいせつの目的をもって患者さんの身体接触を図るような場合には，正当な業務目的を逸脱するので，行為の正当業務行為とは認められません。

(3) 責任（有責性）

構成要件該当性を満たし，違法性を満たした場合には，最後に責任（有責性）を検討します。責任とは，違法な行為に対して非難できる可能性をいいます。精神的疾患等により判断能力が低下している場合には，刑罰を減刑もしくは免除することがあります。責任の要素として，故意・過失のほかに「行為の当時行為者に適法な行為を期待することができたか（期待可能性）」，判断することが出来る能力（責任能力）などを基準に判断します。

では，医療従事者自らが，判断能力がある段階において違法薬物などを摂取して，判断能力のない状態に陥れて反社会的な行為を行った場合には，どのように考えるのでしょうか。また，飲酒をして医療事故を発生させた場合の責任はどのようになるのでしょうか。この場合，行為者は判断能力のある段階で，違法な行為に着手しているので，責任を免れることはありません。

このことを少し難しい言葉ですが，刑法学では「原因において自由な行為」といいます。

【参考文献】
池永満『新患者の権利』（九州大学出版会，2013年）
藤岡康弘『民法講義Ⅴ不法行為法』（信山社，2014年）
平野裕之『債権各論Ⅰ契約法』（日本評論社，2018年）
前田雅英『刑法講義〔第7版〕』（東京大学出版，2019年）
前田雅英『刑法各論講義〔第7版〕』（東京大学出版，2020年）

8 医療・看護の事故と医事法

キーワード

チーム医療　応召義務　精神科医療　強制入院　医療安全（患者安全）　診療ガイドライン　客観的な根拠に基づく医療（EBM）　医療訴訟　感染症対策

I　医業の独占と多職種の連携

1　医師による「医業の独占」

医師法17条には「医師でなければ，医業をなしてはならない」とあり，これに違反した場合の刑事罰（三年以下の懲役もしくは百万円以下の罰金）が同法31条に規定されています。ここで「医業」とは「医行為を業として行うこと」，「業」とは「反復継続の意思を持って不特定の者または多数の者に行う行為」と解されています（厚生省平成元年度厚生科学研究「医療行為及び医療関係職種に関する法医学的研究」報告書）。「医行為」については，いわゆる「医療行為」の同義語と理解するのが一般的ですが，2005（平成17）年7月26日付の厚生労働省医政局長通知によって「医師の医学的判断および技術をもってするのでなければ人体に危害を及ぼし，または危害を及ぼすおそれのある行為」との解釈が示されています。

この規定は，憲法22条1項が保障する職業選択の自由に対して「公共の福祉」（第1章Ⅳ2参照）を理由とした制限を設けるものです。医療行為は，患者に大小さまざまな程度の侵襲を伴うことが多く，生命の危険を伴う場合も少なくありません。そのような行為を他者に行うには高度の専門知識・技能を要することから，そのための資格が厳格であるべきことは当然といえます。医師の資格を有する者に限って医業を認めるものとする原則は，医師による「医業の

独占」とも呼ばれています。

　一方で，実際の診療場面において全ての医療行為を医師が直接実施することは現実的でなく，医師や保健師，看護師などが協力し，それぞれの役割に応じて技能を結集しなければなりません。そこで，医師の指示による場合等，一定の要件のもとで保健師，助産師，看護師等が医療行為を行うことが認められています。多職種の連携は「チーム医療」とも呼ばれ，良質な医療のために欠かせないものとなっています。

　救急現場においては，病院に到着するまでの処置が患者の予後を大きく左右することから，救命救急士には自らの判断で一定範囲の救命救急処置を行うことが認められています。これに加え，「器具を用いた気道確保」など，特に難易度が高いとされる処置（特定行為）については医師からの電話等による指示によって実施すべきこととされています。救命救急士の制度が開始される以前は，「救急隊員」は医師でないため医療行為を行うことはできないとされており，救急搬送時の医療行為が一切禁止されていました。しかし心肺停止患者の救命率や社会復帰率が諸外国に比べて低いことが問題となり，世論の後押しもあって1991年，救命救急士法の成立に至りました。このように，医師による「医業の独占」の原則は，患者さんや医療現場，さらには実社会のニーズとの間でジレンマを引き起こすことがあります。

2　看護師の業務範囲について

　保健師助産師看護師法（保助看法）5条によって，看護師の業務は「療養上の世話」と「診療の補助」に大別されています。このうち「療養上の世話」とは，患者の症状の観察，環境整備，食事の世話，清拭および排泄の介助，生活指導などのことで，原則として看護師の独立の業務として行うことが可能です。それに対し「診療の補助」とは医療行為の補助であり，医師の指示によって行わなければならないとされ，同法37条に「保健師，助産師，看護師又は准看護師は，主治の医師又は歯科医師の指示があつた場合を除くほか，診療機械を使用し，医薬品を授与し，医薬品について指示をし，その他医師又は歯科医師が行うのでなければ衛生上危害を生ずるおそれのある行為をしてはならない」と規定されています。なお，医療行為には診断，手術，処方などの，医師

の具体的指示があったとしても看護師がこれを行うことは許されない行為（絶対的医行為）と，医師の指示に基づいて看護師等が行うことができる行為（相対的医行為）があり，「診療の補助」に該当するのは後者の行為ということになります。相対的医行為の例としては，医師の指示による静脈注射や「医師の事前指示に基づいて特定の鎮痛薬を，特定の入院患者の疼痛時に使用する」行為などが含まれます。

　かつて，看護師による静脈注射は「身体に及ぼす影響が大きく技術的にも困難であること等の理由により，看護師の業務の範囲外の行為であり，医師または歯科医師の指示があってもこれを行うことができない」との行政解釈が示されていました（厚生省医務局長通知・1951（昭和26）年9月15日）。しかし，すべての静脈注射を自ら実施するとなると医師に過大な負担を強いることになる一方で，看護師による静脈注射が困難とまではいえない場合も多いことから，現場の実情として看護師による静脈注射は広く行われることとなり，やがては司法判断においても「静脈注射は保助看法5条に定める診療の補助の範疇に含まれる」との運用が定着するに至りました。最終的には2002（平成14）年9月30日付の厚労省医政局長通知によって行政解釈が変更されることとなり，「医師又は歯科医師の指示の下に保健師，助産師，看護師及び准看護師が行う静脈注射は，保健師助産師看護師法5条に規定する診療の補助行為の範疇として取り扱うもの」とされました。このように，「絶対的医行為」と「相対的医行為」との区別は絶対的なものではなく，看護師の専門知識や技術の向上，時代的要因，国民の理解等により変化するものです。

　体温測定，血圧測定，パルスオキシメーターによる動脈血酸素飽和度の測定，軽微な切り傷や擦り傷の処置，服薬介助などが医療行為に該当しないことについては，2005（平成17）年7月26日付の医政局長通知によって示されています。

3　拡大しつつある看護師の役割

　看護師は本来，診療に関する業務から療養生活の支援に至るまで幅広い業務を担っており，チーム医療の要となりうる立場にあります。特に近年は，社会の高齢化に伴って医療ニーズの高い在宅療養者が増加し，訪問看護をはじめと

して看護師の活躍が期待される場面が拡大しつつあります。このような情勢を踏まえ，看護師の役割の拡大を図る制度として2015年に，「特定行為に係る看護師の研修制度」が施行されました。この制度は，専門的な臨床実践能力を有する看護師を新たな看護職（特定看護師）として養成し，事前に作成された「手順書」により一定の医療行為（たとえば脱水時における脱水の程度の判断と輸液による補正など）を，医師または歯科医師の判断を待たずに行うことができるようにするものです（保助看法37条の２）。「手順書」は，患者を特定した上で医師または歯科医師によって作成されるため，特定看護師の行う医療行為が医師の指示に基づく「診療の補助」として位置づけられる点については従来の制度が維持されています。

　アメリカやイギリス，カナダ，オーストラリアなどでは上級の看護職として「ナース・プラクティショナー」の資格が設けられ，医師の指示を受けずに一定レベルの診断や治療が可能となる制度が存在します。「ナース・プラクティショナー」に相当する資格は現在の日本にはありませんが，医師不足の解消や医療費の抑制のための選択肢としてしばしば議論の的となっています。この制度は，医師による医業の独占という状態そのものを変更する可能性を有していることから，離島など医療資源が不十分とされる地域では大きな恩恵となりうること等を理由とした賛成意見の一方で，医療の質を一定以上に確保することが困難になる恐れがあること等を理由とした反対意見も主張されています。

Ⅱ　医師の応召義務と長時間労働

1　医師の応召義務について

　医師法19条１項には「診療に従事する医師は，診察治療の求があつた場合には，正当な事由がなければ，これを拒んではならない」とあり，これは医師の「応召義務」と呼ばれています。「正当な事由」のある場合とは，1955（昭和30）年８月12日付の厚生省医務局医務課長回答によると「医師の不在又は病気等により事実上診療が不可能な場合に限られる」と解されますが，具体的にどのような状況にあれば「正当な事由」といえるかは，事案ごとに社会通念に照らして検討することとなります。すなわち，医師側の事情（医師の病気や酩酊の程

度，専門外，時間外など），ならびに患者側の事情（病状や緊急性の程度など），さらには地域の事情（近くに専門医がいるか，他の病院の有無など）について，これらの事情を事案ごとに総合的に考慮する必要があります。応召義務違反に対する罰則規定はありませんが，状況によっては保護責任者遺棄罪（刑法218条）などの罰条に該当する場合があると考えられます。「医師としての品位を損する行為」（医師法7条）があったとして医師免許取消または停止の行政処分を受ける可能性も否定できません。不法行為などを理由とした民事上の責任を追及された場合に，過失の認定などの場面において「応召義務の違反」が医師にとって不利な事実となる可能性もあります（千葉地判昭和61年7月25日）。

応召義務は，医師の契約の自由を制限し，患者の求めがあった場合に診療契約の締結を強制するものです。ここでは，医師に対して患者は弱い立場にあり，それを是正する必要があるとの判断が働いています。医師が自由に診療を拒否できるとした場合，患者としては，処置の遅れによって取り返しがつかない事態になる可能性があるだけでなく，どの医師からも拒否されて「たらい回し」にされる恐れもあるからです。応召義務は医師にとっては重い負担となりうるものですが，医業を独占するという，特別に認められた職業上の地位に対して一定の責任が付随することは致し方ないと考えることも可能です。これは，特権には義務が付随するという思想（ノブレス・オブリージュ）とも関係しています。

ただし，応召義務が現代の日本においてそのまま妥当するかどうかについては疑問があります。わが国における応召義務のルーツは1880（明治13）年刑法（旧刑法）427条9号にある「医師穏婆故ナクシテ急病人ノ招キニ応セサル者」は「一日以上三日以下ノ拘留ニ処シ又ハ二十銭以上一円二十五銭以下ノ科料ニ処ス」という条文に遡ります。その後，罰則は廃止されたものの応召義務そのものは医師法に引き継がれて現在に至ります。したがってこの規定は，大多数の患者が小規模の開業医のほかに医師を見出しえなかった当時の社会状況を反映したものといえそうです。現代においては，救急医療体制は本来，国・公立の医療施設や大規模病院が担うべき領域と考えられるため，これらの業務を一般の開業医の責任とする制度は，実情と乖離しているかも知れません。しかも，勤務医だけでなく開業医の間でも医師の職・住分離は一般化しているた

め，すでに大多数の医師に対しては応召義務の強制力が事実上機能していない状態となっています。

　ちなみに応召義務は，いわゆる「勤務医」が長時間労働を強いられる原因の1つとして批判の対象とされることがあります。すなわち，救急病院等においては，患者の数や容体によって際限なく業務量が増大する可能性がありますが，そこに勤務する医師は「応召義務」のゆえにこのような業務負担を強制されることになるのではないか，という指摘です。しかし，ここでは救急病院の使命と，そこに勤務する医師の労働条件とを分けて考える必要があります。勤務医の待遇改善のために一部の救急患者が放置されるような事態が容認されるべきでないことは当然ですが，救急病院が担うべき使命を理由としてその負担を勤務医に転嫁することも許されるべきではないからです。したがって，応召義務と勤務医の長時間労働との間に論理的な関係があるとはいえません。

2　勤務医の長時間労働について

　一般職国家公務員に該当する場合を除き（国家公務員法附則16条），いわゆる勤務医（民間病院，公立病院，独立行政法人病院などに勤務する医師）が労働基準法の適用対象となることに争いはありません。したがって，勤務医の労働条件については一般の労働者と同様，労働時間（労働基準法32条），休憩（同法34条），休日（同法35条）に関する規制を受け，時間外労働・休日労働を行わせるためには，それらが必要となる具体的事由，その上限となる時間等に関する事項を労使協定（いわゆる三六協定）で定め，労働基準監督署長に届け出なければなりません（同法36条）。しかし実情は，勤務医が協定によって定められた上限を超える時間外労働を強いられるケースは後を絶ちません。健康障害リスクが高まる時間外労働時間の目安は80時間といわれており，この数字は労働災害認定で労働と過労死との因果関係の存否の基準とされることから「過労死ライン」と呼ばれています。労働基準法違反を回避するために，一部の医療機関において労使協定による時間外労働の上限そのものが「過労死ライン」を超過して定められていたという事例も知られています。

　以上より，勤務医の労働環境はきわめて厳しいものといわざるを得ません。病院側の事情としては，業務の量に応じて適正な数の医師を確保することが難

しく，慢性的な医師不足に陥りやすいという現実があります。わが国における医師の総数は，国全体における需要を考慮しつつ，全国の医学部の総定員の調整等の方法で慎重にコントロールされていることから，一部の医療機関で医師の数が充足した場合に他の医療機関がしわ寄せを受けやすいという構造的な問題が存在するようです。この問題は「医師の偏在」とも呼ばれています。根本的な解決のためには医療機関の連携による地域医療の効率化が不可欠となりましょう。国民の健康を守るべき医師が過労死の瀬戸際に立たされているという状況は，まさに背理というべきであり，早期の解決が必要です。

Ⅲ　精神障害者に対する医療

1　精神科病院への任意入院の原則

　精神疾患に対する社会的な偏見を背景として，精神科病院は，精神障害者に対する人権侵害の温床となってきたという歴史があります。かつて，精神医療においては長年にわたって隔離政策がとられ，強制入院や強制的治療が広く行われてきましたが，現在では，患者さん個人の権利を可能な限り侵害することなく，社会全体の利益を実現するような制度設計が求められています。精神障害者本人の同意によって行われる精神科病院への入院を「任意入院」と呼び，精神保健及び精神障害者福祉に関する法律（精神保健福祉法）によって，入院の必要がある場合にはなるべく任意入院とすべきことが定められています（同法20条）。

2　措置入院

　精神障害者が自身を傷つけたり他人に害を及ぼしたりするおそれ（自傷他害のおそれ）がある場合に，都道府県知事が強制的な措置として行う精神科病院への入院を「措置入院」といい，その手続は以下の通りです。精神障害者またはその疑いのある者を知った者は誰でも，診察および必要な保護を都道府県知事に申請することが出来（精神保健福祉法22条），警察官・検察官・矯正施設の長などはこれらの者につき都道府県知事に通報する義務を負うとされています（同法23条以下）。この申請・通報に基づいて都道府県知事は，必要と認めると

きは精神保健指定医に該当者の診察を行わせなければならず（同法27条），2名以上の精神保健指定医の診断が一致して「医療及び保護のために入院させなければその精神障害のために自身を傷つけ又は他人に害を及ぼすおそれがあると認めたとき」は，国等の設置した精神科病院または指定病院（都道府県知事の指定を受けた民間の精神科病院）に該当者を入院させることができることになっています（同法29条）。これに対し，至急の対応を要するときは1名以上の精神保健指定医の診断により72時間まで入院させることが出来る場合があり，これは「緊急措置入院」と呼ばれます（同法29条の2）。

「措置入院」は従来，犯罪行為をなした精神障害者（触法精神障害者）に多く適用されてきました。この制度は，本人に保護が必要な場合だけでなく，他人に害を及ぼす恐れがある場合にも強制入院を可能とするものであり，社会防衛の観点から個人の自由を剥奪するという側面を有しています。この点に関し2005年，「心神喪失等の状態で重大な他害行為を行った者の医療及び観察等に関する法律」（心神喪失者等医療観察法）が制定され，重大犯罪を行った精神障害者については裁判所が強制入院を決定する場合があることとなりました。

3　医療保護入院と応急入院

精神障害者が，その医療および保護のため入院の必要がある場合に家族等の同意によって行われる入院を「医療保護入院」と呼びます。その要件は，1名以上の精神保健指定医が「医療および保護のため入院が必要であって，かつ当該精神障害のために任意入院が行われる状態にない」と判定すること（客観的要件），家族等（配偶者，親権者，扶養義務者，後見人または保佐人）の同意があること（主観的要件）です（精神保健福祉法33条1項1号）。「当該精神障害のために任意入院が行われる状態にない」とは，任意入院に必要な同意を行うための判断能力が失われた状態を指し，単に本人が入院を拒んだだけではこの要件を充足しないと解されます。

社会防衛的な性質も含む「措置入院」の手続の厳格さに比べて，あくまでも本人保護を目的とする制度である「医療保護入院」の要件は比較的緩やかなものとなっています。しかし，家族等のうち1名の同意があれば，あとは1名の精神保健指定医の判断で強制入院が可能となる制度は，運用次第では重大な人

権侵害を招くことが懸念されます。特に，家族による同意権の濫用の恐れがあることに注意が必要です。この問題に関連して，2014（平成26）年1月24日付の厚生労働省の通知では，後見人・保佐人が入院に反対している場合や家族等の間に判断の不一致がある場合には，それらの意見に充分配慮し，意見の調整を図ることが望ましい旨の記載があります。

　直ちに入院させなければその者の医療および保護を図る上で著しく支障があるにもかかわらず，その家族等の同意を得ることができない場合で，かつ，任意入院に必要な同意を行うための判断能力が失われた状態にある場合は，72時間を上限に入院させることができるとされており，これを「応急入院」と呼びます（同法33条の7第1項1号）。

4　精神科入院患者の処遇に関する規制

　精神科病院に入院中の患者は，不当な行動制限や長期入院などの人権侵害を受けやすい立場に置かれていることから，精神保健福祉法は，その処遇につきさまざまな規制を設けています。入院患者の行動の自由の制限は必要最小限でなければならず（最小限自由制限の原則），信書のやりとりや面会の制限など厚生労働大臣の定める行動制限は許されません（同法36条1項，2項）。都道府県が設置する「精神医療審査会」は個別患者の入院の要否について定期的に審査を行い，入院不要と判断された場合，都道府県知事は，措置入院では該当者を退院させ，医療保護入院では精神病院管理者に退院命令を発しなければならないとされます（同法38条の3）。任意入院の場合を含め，入院中の者または家族等は，都道府県知事に対して退院請求や処遇改善請求を行うことができ，都道府県知事は，この請求に対する精神医療審査会による審査結果に基づいて退院命令や処遇改善命令を発しなければなりません（同法38条の5）。入院患者の処遇が著しく適当でないと認める場合には，厚生労働大臣または都道府県知事は職権により処遇改善命令や退院命令をなしうることになっています（同法38条の7第1項・2項）。

5　判断能力を有さない患者への医療行為

　判断能力を有さない患者に対する医療行為全般，特に精神疾患以外の疾患の

治療を行おうとする場合（たとえば，幼児や重度の認知症者にリスクの高い手術を実施する場合など）には，精神疾患に対する治療の場合に比べ，本人の人権が不当に侵害される危険性は低いと思われます。しかし，その法律関係については明確でない部分が多く残されています。まず，未成年者の場合に親権者が本人に代わる同意（代諾）を行うことができることについては，実務・学説ともに概ね一致しているようです。成年被後見人の場合は，成年後見人の職務範囲内の行為として成年後見人が医療契約を締結することが原則です。しかし親権者の場合と異なり，成年後見人には個別の医療行為への同意権は無いと考えられています。具体的な治療内容等の選択は本人の生命や身体にかかわる問題であり，成年後見人の職務範囲を逸脱するからです。したがって，判断能力を失う以前の本人の意思を推測したり家族の意見を考慮したりすることも含め，難しい対応を迫られる場面が少なくないと思われます。実際は，判断能力のない成年者のほとんどでは成年後見人が選任されていませんが，その場合，本来であれば成年後見人を選任した上で医療契約を締結するべきかも知れません。しかし医療の実務では，成年後見人を選任しないまま，同居の家族など本人と近い関係にある者が「キーパーソン」として，医療契約の締結から個別の医療行為の同意に至るまでのあらゆる事項を決定することが常態化しています。この場合の法律関係は，第三者のためにする契約（民法537条以下）もしくは事務管理（同法697条以下），またはこれらの規定の類推解釈によって構成されることになると考えられます。

IV　医療の安全確保

1　医療の安全のための制度

　安全な医療は国民全体の利害にかかわる重要事項です。特に2000年代以降，病院内での事故や医療行為における過誤，院内感染などの問題に対して社会の関心が集まり，専門家の間でも医療の安全性を確保することの重要性が認識されるようになりました。そのような情勢を受けて2006年の診療報酬改定では，専従の「医療安全管理者」を配置していること等を要件とした「医療安全対策加算」が新設されました。2008年の，いわゆる第5次医療法改正では，医療法

の内容として医療安全の確保に関する規定（第三章）が設けられています。国と自治体は「医療の安全に関する情報の提供，研修の実施，意識の啓発その他の医療の安全の確保に関し必要な措置を講ずるよう努めなければならない」（医療法6条の9）とされた一方，病院，診療所または助産所の管理者は「医療に係る安全管理のための指針を整備すること」，「医療に係る安全管理のための委員会を開催すること」，「医療に係る安全管理のための職員研修を実施すること」，「医療機関内における事故報告等の医療に係る安全の確保を目的とした改善のための方策を講ずること」とされました（同法6条の12，医療法施行規則1条の11）。

2 医療の「墓標安全」から「予防安全」へ

医療行為は，治療を目的として患者さんの身体に一定の侵襲を加えるものであり，大小さまざまなリスクを伴います。医療行為を実施するに当たっては，それによって起こりうる結果を予見し，患者さんにとって不利益な結果を可能な限り回避しなければなりません。しかし医療行為の性質上，あらゆる注意を尽くしても患者さんの健康に何らかの損害が生じるリスクをゼロにすることは出来ません。

リスクを「ゼロ」にすることが不可能であることを認めることは，一定の行為に伴うリスクを適切に評価し，合理的な手段によって危険を「最小限」にする方法を確立することにも繋がります。事故を未然に防ぐことを目的として危険の最小化を図る作業は「予防安全」と呼ばれています。これに対し以前は，あらゆる事故は「あってはならないこと」と考えるのが一般的でした。そして，現場で何らかの不具合が発生し，それによって被害があった場合はその都度，不具合の原因となったとおぼしき個人を特定し，その責任を追及することに終始してきました。事故の被害者が出るたびに「犯人探し」を繰り返し，「二度と事故は起こしません」といって気を引き締めようとしてきた従来の行動は，事故の予防という観点からは合理性に乏しく，その効果があまり期待できないことから，皮肉をこめて「墓標安全」とも呼ばれています。

3 「ハインリッヒの法則」と「ヒヤリ・ハット報告」

1930年代，米国の保険会社に勤めるハーバート・ウィリアム・ハインリッヒは，労働災害に関する統計資料に基づき，「1つの重大な事故の背景には29件の軽微な事故があり，それに加えて，傷害に至らない程度の事故が300件存在する」という経験則を発表しました。今日，「ハインリッヒの法則」として知られるこの経験則が意味するのは，現場には未だ事故として現実化しないリスクが数多く潜んでいるということです。そこからは，事故が起きる前に，どこにリスクが存在しているのかを把握し，対策を講じる作業が重要であるという発想が導かれることになります。

リスクの所在を最も良く知るのは現場で働く人々です。現場の職員が，重大な災害や事故には至らないものの，直結してもおかしくない一歩手前の事例に遭遇した場合に，これらの事例を収集し，把握しておくことで，事故の防止に役立つ可能性があります。これらは「ヒヤリとしたり，ハッとしたり」した体験であることから「ヒヤリ・ハット」事例（第**6**章Ⅱ2，Ⅳ2）とも呼ばれています。2000年に厚生省（当時）によってとりまとめられた「リスクマネージメントマニュアル作成指針」によると，医療現場における「ヒヤリ・ハット事例」とは「患者さんに被害を及ぼすことはなかったが，日常診療の現場で，"ヒヤリ"としたり，"ハッ"としたりした経験を有する事例」であり，具体的には，「ある医療行為が，(1)患者さんには実施されなかったが，仮に実施されたとすれば，何らかの被害が予測される場合，(2)患者さんには実施されたが，結果的に被害がなく，またその後の観察も不要であった場合等」を指します。

「ヒヤリ・ハット事例」を収集し，報告させる目的は，あくまでも事故のリスクを事前に把握し，事故を防止することであり，関係者の責任追及ではありません。したがって，報告者に不利益が及ばないように細心の注意が必要です。このことは，職員自らが関与した「ミス」を報告する場合などに特に重要となります。みずからの不利益を恐れて報告を控えるようになっては元も子もないからです。人間である以上，「ミスを犯さない人」は存在しません。したがって「予防安全」の見地からは，作業手順の改善等によって個人のミスが事故に直結しないためのシステム作りが重要と考えることになります。

4 リスクを「管理する」ということのジレンマ

リスクを「管理する」作業のうちには，リスク対策の優先順位の判断が含まれます。重大な事故に結び付くようなリスクや，事故として現実化する確率が高いと考えられるリスクへの対策の優先度は高くなります。それに対し，事故の発生に至ったとしても損害が軽微なものに留まることが明らかなリスクや，事故として現実化する確率が低いと考えられるリスクについては，対策の優先度が低くなります。ここで問題となりうるのが，優先度が低いと判断したために対策を後回しにし，その間に事故が現実化した場合の責任です。実際に発生した損害に注目すると，「予見したにもかかわらず，対策をしなかった」ことを理由として，民事上のみならず刑事上の責任を追及することが可能と解する余地もあるからです。現場に潜むリスクは多岐にわたり，無数に存在する以上，安全の推進のためにはさまざまなリスクの絶え間ない「洗い出し」が不可欠の作業です。したがって，その努力を重ねるほど法律上不利な立場に追い込まれるとすれば，国民全体の利益の見地からも不都合といわざるを得ません。これは法の解釈と運用にかかわる問題であり，今後のさらなる議論の蓄積が必要です。

V 「診療ガイドライン」の功罪

1 EBM と診療ガイドライン

医師がさまざまな疾患に対処するにあたって拠り所とするような「手引き」は古くから存在していましたが，これらの手引きの多くは，権威ある専門家の見解や臨床家の実体験などに基づくものでした。1990年代以降，このような伝統に対して大きな変革をもたらしたのが，「客観的な根拠（エビデンス）に基づく医療」（EBM: Evidence-Based Medicine）の普及です。

EBM とは，客観的な根拠に基づいて医療を行うこと，または，そうすべきであるという考え方のことです。「客観的な根拠」（エビデンス）とは，通常は科学的な証拠のことで，具体的には多数の患者や健康人の集団を対象として観察研究や介入研究を実施し，統計学的に厳密な手法によって導かれた結果などを指します。EBM の普及とともに，これまで正しいと思われてきた治療方法

のうちには，エビデンスに欠けるものが多いだけでなく，むしろ有害なものも含まれていることが明らかとなりました。EBM は，患者さんにとって何が最善の利益かを判断する際に，専門家らによる独断や偏見を排除するという側面を有しています。

　今日における「診療ガイドライン」とは，最新の知見によって最善と考えられる医療行為を推奨することで患者や医療者の意思決定を支援するために作成される文書のことであり，客観的な根拠から利益と害のバランスなどを比較検討したうえで作成すべきものとされています。これらは，たとえば「〇〇病治療ガイドライン」といったタイトルで公開されています。ただし，あらゆるガイドラインは決して絶対的なものではなく，合理的な批判にさらされることによって常に改善を繰り返すべきものであることはいうまでもありません。

2　増え続ける「診療ガイドライン」

　臨床上重要な問題に関しては，今後ますます多くのエビデンスが蓄積され，それとともに信頼すべきガイドラインが整備されてゆくことが期待されます。しかし，ガイドラインの作成は自由な学術活動の一環として行われることから，ガイドライン自体の「質」をどのように確保するのか，という問題が避けられません。診療領域によっては，エビデンスが不足する中でやむを得ずガイドラインが作成される場合もあります。さらに，作成者の考え方や立場の違いによって同一の臨床上の問題に対して内容の異なる複数のガイドラインが登場することがあります。結果として，ある特定のガイドラインに従った処置が他のガイドラインには違反するという事態が生じうることになりますが，このことが医療者と患者さんとの間でトラブルの原因となるかも知れません。多数のガイドラインが玉石混交となって医療者の合理的な裁量を萎縮させるような結果に至ることは患者にとっても大きな損失です。あらゆる領域で「ガイドライン」が増加すればするほど，専門家のみならず患者さんにとっても，それらに対する見識（リテラシー）が求められることになりましょう。

3　「診療ガイドライン」と医療訴訟

　診療ガイドラインの普及とともに，医療訴訟のなかでガイドラインが証拠と

して提出されたり，判決で引用されたりするケースが増加しています。一般的には，何らかのガイドラインに従ったという事実は，医療者の過失を否定する方向に作用するようです。しかしガイドラインの存在は，裁判所が事実関係を認定するための判断材料の1つに過ぎません。裁判例としては，患者さんの状態がガイドラインの内容にそぐわない場合（東京地判平成18年5月25日）や，ガイドラインの内容が未だ医学的に確立されたものとして認められない場合（大阪地判平成25年4月26日），ガイドラインが推奨する治療が保険の適用外である場合（名古屋地判平成21年12月16日）などについて，ガイドラインに従わない処置をしたことの過失を否定したものがあります。これに対し，患者さんに治療内容を説明する際にガイドラインの内容に言及しない場合は，このことが説明義務に違反するとされる傾向が強いようです。「ガイドラインに反する処置は誤りである」という予断を裁判官に抱かせることへの懸念から，「ガイドライン」を過失の有無の判断に用いること自体に消極的であるべきとする意見も有力ですが，民事訴訟では原則として当事者が提出したあらゆる証拠を裁判の資料として用いることが認められていることから（証拠方法の無制限の原則），ガイドラインの証拠としての価値は他の判断材料も考慮しつつ，裁判官の合理的な判断に委ねられることになります（自由心証主義，民事訴訟法247条）。

VI　緊急の医療課題「社会は感染症にどう立ち向かうべきか」

「感染症の予防及び感染症の患者に対する医療に関する法律」（感染症法）によると，予防ないし蔓延防止の観点から公衆衛生上特に重要とされる感染症が一類から五類に分類され，それぞれの分類ごとに医師の届出義務，入院隔離や就業制限に関する手続等が定められています。たとえば一類にはエボラ出血熱やペストなど，感染症のうちでも最も厳重な取り扱いが必要とされるものが含まれます。感染力が強く，重篤化の危険性の高い感染症が発生した場合，短期間のうちに爆発的な数の重症患者が発生して医療機関に殺到し，医療システム自体が破綻を来す恐れがあります。そのような事態は何としてでも防がなければなりません。そのためには，外出・移動や集会の制限等，社会全体での取り組みが必要となります。

その一方で，個人と社会との間の緊張関係が先鋭化することがあります。まず，快復のために最善の配慮を受けるべき患者さんは同時に，厳格に管理されるべき危険な感染源としても取り扱われます。疾患の特性によっては患者さんを隔離するだけでなく，どこに隠れているか分からない感染者の探索を徹底すべきだとの意見が主張されることもあります。しかしそのような主張は，「多くの人の平穏な社会生活が奪われることになっても致し方ない」という意味を含んでいます。隔離の対象と判断された個人からすると，人身の自由が突然奪われるだけでなく，周囲からの攻撃や差別の標的とされる恐れもあるからです。しかも，隔離が必要か否かの判定自体，正確に行われるとは限りません。いかなる検査も一定の割合で誤りが生じることは避けられないからです。

　感染症への警戒が，特定の集団や個人に対する差別と結びつきやすいことにも注意が必要です。病原体は目に見えず，どこに存在するか分からないため，感染を防ぐための努力は「リスク」を出来る限り低く抑えようとすることに注がざるを得ません。そのような努力は，「感染源への警戒心を緩めてはならない」という精神状態と自然に結びつくことから，感染の機会にさらされやすいと思われがちな職種（医療従事者など）への差別をも誘発することになります。のみならず，これに偏見や風説が結びつくことによって，特定の集団（人種など）や個人（感染者の家族など）が差別に巻き込まれる恐れもあります。

　このように，感染症を制圧しようとするプロセスには，社会防衛と人権との間に生じる矛盾をどのように調和させるか，という困難な問題が存在しています。感染症への対策を検討するに当たっては，対策自体に伴うさまざまな犠牲に見合う成果をもたらすものになるかどうかについて，慎重な利益衡量が求められます。

【参考文献】

福井次矢・山口直人監修，森實敏夫・小島原典子・吉田雅博編『Minds 診療ガイドライン作成の手引き』（医学書院，2014年）

チャールズ・ビンセント『患者安全〔原書第 2 版〕』（相馬孝博・藤澤由和訳）（篠原出版新社，2015年）

米村滋人『医事法講義』（日本評論社，2016年）

ケース・スタディ編

ケース・スタディ編の学び方

　ケース・スタディ（事例研究）編では12の事例を掲載しています。このケース・スタディは，ある事例について，思考実験（実験器具や薬物を使ったリアルな実験ではなく，頭の中だけでイメージしながら問題を解くこと）やシミュレーションを行いながら，医療倫理の問題をあれこれと考えたり，さまざまな選択肢を挙げながらさまざまに考え一定の結論（複数の場合も）を導くといった，倫理トレーニングです。個人が単独で行うこともできますが，できればグループ・ワークの一環として複数のメンバーでディスカッションしてみましょう。

　やり方は，各事例について，問題点を列挙していき，似たような指摘や意見を大まかな数グループのテーマにまとめます。各テーマ間の相関性や因果関係をみつけながら根底にある問題が何かを把握します。その際には，できる限り第 **2** 章や第 **4** 章で学んだ，「患者—医療者関係の PEC モデル」や，K アプローチや M アプローチ，あるいは SOL 倫理 vs QOL 倫理の対比，ショート・カット法などを使い分けましょう。特に，規範やガイドラインがある場合には K アプローチが，実験的や先端的医療で規範がない場合は M アプローチが適しています。PEC モデルの分析では，どうしたら医療倫理上，望ましい患者—医療者関係になれるかを考えることができるでしょう。

連絡先：ケース・スタディに関するご質問，ご意見などがありましたら随時自由にお寄せください（なお，ケース・スタディ以外のご質問，ご意見については，出版社を通じてご連絡をしてください。また，土日・祝日などにメールを送信されてもすぐにお返事できない場合があります。ご了承ください）。

村岡　潔：ufficiojkm2016@gmail.com

中塚晶博：masahiro-nakatsuka@leaf.so-net.jp

【事例①】　三度目の胃がんの手術

①Ａさんは X 病院で胃がんの手術を 2 回受け，職場復帰していたが，腹部に硬結^{しこり}が触れるようになったため，Y 大学病院の著名な外科医 B 教授に紹介された。B 教授は，Ａさんの腹部を診察し血相を変えて担当医 C に再検査を指示した。B 教授は本人が戻る前に A さんの検査結果を妻に説明した。「予想通りがんが腹腔内全体に転移している。1 〜 2 週間のうちに腸閉塞を起こしかねない。本人には隠しておきますか？」妻は「全部伝えてください。」と答えた。

②Ｂ教授は戻ったＡさんにも，がんが腹腔内に転移しており腸閉塞（イレウス）になりそうだと説明し「このままでは３カ月ともたない」とはっきり告げた。Ａさんが「先生，どうしたらよいでしょうか？」と聞くと，Ｂ教授は「残された道は手術しかないね。要はがんと闘う決意です。私に任せてもらえば，全力でがん細胞をゼロに近い状態にします」と断言した。こうしてＡさんは，３度目の胃がんの手術を受けた。

〔キーワード〕患者―医療者関係，インフォームド・コンセント，がん告知，ターミナルケア

事例①を考えるヒント：

Q1：Ａさんからの同意（インフォームド・コンセント）は成立しているか？

Q2：ＡさんとＢ教授の患者―医療者関係は何か？

【解題】

１）腹膜にがん細胞の播種を起こした再発胃がんの手術はふつうしません。腹部にしこりがふれたら根治手術は不可能と判断されます。転移巣があるので原発巣を切除しても治癒にはなりません。がん死亡は，がんが，生命維持に不可欠なホメオスタシス（恒常性）のシステムを破壊するためともいえます。がん細胞の全摘は実質不可能なのに，腸閉塞の予防を口実に原発巣を手術したのも問題です（腸閉塞は発症直後でも手術は可能）。抗がん剤も，がんのサイズをへらすのが本来の目的です。

治療結果が望ましくない場合，治療方針が間違っていた可能性が高いのです。この事例の実例〔近藤誠『がんは切ればなおるのか』新潮社，1998年〕では，手術で22カ所，３kgもの臓器を切除したのに，むしろ腸の癒着から腸閉塞となり３カ月で死亡しました。また結果がよくても倫理的な問題はありえます（【事例⑪】）。Ａさんはすでにターミナルケアの段階なのです。

２）検査で得られた情報に前医までの情報を超えるものはなく，Ｂ教授の説明はムンテラといい，患者さんを「お任せ医療」の手術に誘導するために都合のいいことを語っただけです。患者さんに何かを説明しても真実告知とは限らないのです。Ａさんは脅かされて同意したので，正しいインフォームド・コンセントは成立していません。その結果，医療行為の違法性は阻却されず，Ｂ教授が行った手術は業務上過失致死に相当する傷害行為なのです。

３）結局２）の情報提供の質から見て，ＡさんとＢ教授の患者―医療者関係は，契約モデルでも工学モデルでもなく，牧師モデルです。Ａさんのインフォームド・コンセントに必要かつ不可欠な情報がないということは何も語らないのと等しいのです。

（村岡　潔）

【事例②】　認知症者とインフォームド・コンセント

　　Ａさんは80歳の女性で，１年ほど前から徐々に物忘れが目立ってきた。Ａさんと
同居する息子夫婦は認知症を心配し，Ａさんに検査を勧めたが「私はボケていな
い。絶対に検査には行かない」と拒否されてしまった。そこで息子夫婦は「血圧の
検査に行きましょう」と嘘をつき，Ａさんとともに病院の認知症外来を受診した。
事情を理解した担当医が本人に内緒で認知症の検査を実施したところ，初期のアル
ツハイマー型認知症であることが明らかとなった。治療を勧めるため，担当医は検
査結果をＡさん本人と息子夫婦に説明した。しかしＡさんは「私を騙してこのよ
うな検査を受けさせたことは許せない」といって帰ってしまい，その後も「二度と
病院には行かない」といって受診を拒否している。

〔キーワード〕医師の説明義務，善行原則，パターナリズム（牧師モデル）
事例②を考えるヒント：
Q1：Ａさんに無断で検査を実施したことにはどのような問題があったか？
Q2：Ａさんの意思に反してでも認知症の治療を行うべきだったか？
【解題】
１）事例②ではＡさんの同意なく認知症の検査が実施された結果，初期の認知症が
判明し，その診断は本人にも告知されました。Ａさんからすると，もともと嫌
がっていた検査を拒否する機会が奪われたうえに，知りたくなかった病名を知らさ
れたことになります。一方で，医師の立場からすると，診断が遅れることによって
Ａさんが被る不利益だけでなく，苦労の末に本人を病院まで連れてきた家族の気
持ちも無視する訳にはいきません。ここでは，患者さんの意思を尊重するという原
則と患者さんの利益保護の要請との間でジレンマが生じています。
２）自分が「認知症」と診断される可能性から目を背けようとすること自体は，人
間として自然な反応といえなくもありません。したがって医師としては，認知症に
対する不安や偏見を払拭するために最大限の配慮をしつつ，検査の内容や必要性に
ついて本人にきちんと説明し，同意を求めるべきだったと思われます。結果的に本
人が検査を拒否したとしても，その意思が真剣なものである限り，家族も尊重せざ
るを得ません。医師が診療を続けるためには，家族だけでなく，まず本人との信頼
関係の確立が不可欠となるからです。
３）ただし，本人の判断能力に問題が明らかにある場合や，早急に処置をしないと
取り返しのつかない事態に至る恐れのある場合，本人の意思に反してでも何らかの
治療介入が必要と考える余地があります（→パターナリズム〔牧師モデル〕）。事例
②では，今のところ判断力が明らかに損なわれているとまではいえず，かつ，物忘
れが１年前から徐々に目立ってきたことから，処置が一刻を争うものとまではいえ
ません。結論として，本人の意思に反してでも治療すべき根拠が乏しくても，近日

中に再度受診するよう，本人と家族に勧める等の配慮は必要かも知れません。

（中塚晶博）

【事例③】 「徘徊」をめぐるジレンマ

　認知症を患う85歳のＡさんは自宅での生活が難しくなってきたため，グループホームに入所することになった。しかし入所後，「家に帰りたい」といって歩きまわり，少しでも目を離すと施設から出てゆこうとするようになった。

　Ａさんの行動への対応は施設スタッフの負担の限界を超えつつあったことから，担当医は，スタッフの求めに応じ鎮静剤を処方した。その結果，Ａさんは終日ウトウトした様子でじっとしていることが多くなり，スタッフの負担は大いに軽減されることとなった。

〔キーワード〕患者の自己決定権，善行の原則，介護者の責任，公共の安全
事例③を考えるヒント：
Q1：鎮静剤の処方は，患者さんの利益に適うものといえるだろうか？
Q2：担当医の選択は，正しかったのだろうか？
【解題】
１）ある程度進行した認知症の患者さんには，介護者が目を離した隙にどこかへ行ってしまい，そのまま戻って来ないという行動（徘徊）がみられることがあります。施設への入所は大きなストレスであり，入所時に本人の同意が得られていたとしても，その後「家に帰りたい」という訴えを繰り返す入居者は少なくありません。そして，「帰りたい」という欲求は徘徊行動の誘因となることがあります。
２）上記のケースのように，介護現場では強力な鎮静剤を投与する等の方法で「徘徊」を抑制しようとする試みが，しばしば行われています。その主な理由は，転倒をはじめとする，徘徊中の事故を防ぐこととされています。「これは徘徊の『治療』であって，本人の利益のために行っている」と信じて疑わない医師も少なくありません。しかし，鎮静に伴う身体機能や認知機能の低下をはじめとするさまざまな悪影響を考えると，このような処置が本人の利益に適っているといえるかどうかは疑わしくなってきます。「徘徊の治療」が，「本人の同意なく鎮静剤を投与することによって，人が自ら行動する能力を奪う行為」という側面を有していることは否定できません。そうはいっても介護者としては，徘徊中に事故があった場合に自身の責任を追及される可能性がある以上，徘徊を放置する訳にはいかないという事情もあります。徘徊中，第三者に被害が発生した場合はどうするのか，という問題もあります。
３）以上より，認知症者の行動の自由をどこまで認めるべきか，という問題は，認知症者自身が怪我をするリスクや，第三者が被る可能性のある損害に対して社会はどこまで許容可能か，という問題と不可分のものとなっています。これは同時に，

155

「自分自身が認知症になった場合，どのように取り扱われることを望むのか」という「明日は我が身」的問題を含むものであることも忘れてはなりません。

（中塚晶博）

【事例④】　自己決定に対する家族の影響

　Ａさんは35歳の女性で，乳がんと診断され，担当医から手術と化学療法を勧められた。最適な治療法を組み合わせることで90％以上の５年生存率が期待できる一方，乳房の手術による外見への影響や後遺症など，治療に伴うさまざまなリスクが存在すること等，詳しい説明が行われた。Ａさんは「もう少し考えさせてほしい」と判断を保留し，２週間後に再診することとなった。診察室から出たところで，看護師が「ご家族ともよく話し合って，どうか最善の治療を受けてくださいね」と声をかけた。するとＡさんは「先生には内緒なんですが……」といって次のように打ち明けた。「実は，夫の知り合いで手術も抗がん剤も用いずに多くの人の癌を治してきたという医師がいるので，家族で話し合った結果，その人にお願いしようということになったんです」

〔キーワード〕患者の自己決定，家族の理解と協力，善行の原則

事例④を考えるヒント：

Q1：Ａさんは正しい選択をしたといえるだろうか？

Q2：この看護師は，どのように行動すべきだろうか？

【解題】

１）患者さんが医師から十分な説明を受け，納得の上で治療を拒否したのであれば，それが医療者側から見て最善の選択といえないような場合でも，本人の意思を尊重するのが原則です。事例④では，Ａさんに十分な説明が行われたことについては問題なさそうです。

２）しかし彼女が本当に納得しているといって良いのかどうかについては疑問が残ります。Ａさんの話から察すると，彼女は非標準的な治療によってがんが治癒することを期待しているようですが，そこに医学的な根拠があるかどうかは不明です。したがって，夫の知り合いとされる医師の説明をＡさんが正しく理解していないのではないか，または説明そのものが誤解を招くような内容だったのではないか，という疑問が残ります。

３）もう１つの疑問は，彼女の選択が家族，特に夫の意向に流されたものではないか，ということです。乳がんの診断を受けるということは，本人だけでなく，その家族の将来をも左右する重大な出来事であり，治療を進めていくうえでも家族の理解と協力が不可欠です。しかしこのケースでは，妻のことを心配し何としても助けたいという思いから結果的に夫が独断的に治療法を選択して妻に勧める，という行

動を取った可能性があります。Aさんが現在の状況を看護師にそっと打ち明けたということは，彼女自身の不安と助けを求める気持ちの表れだったのかも知れません。

4）したがって看護師としては，その標準的でない治療が危険な選択であることを，その場で伝えてあげても良いのではないかと思われます。そのうえで，どのような治療を選択するにせよ，2週間後の再診には是非来てもらいたいこと，相談したいことがあれば躊躇なく病院に連絡してもらいたいこと，他の病院にセカンドオピニオンを求めることも出来ること，等を伝えてあげるべきかも知れません。

（中塚晶博）

【事例⑤】　要介護高齢者への虐待の予防と医療者の役割

　40歳のAさんは70歳の父親と2人で暮らしている。ある日，父親が脳卒中で倒れ治療を受けたが，後遺症による手足の麻痺のため終日の介護が必要になってしまった。退院前の話し合いの日，担当看護師は，唯一の親族であるAさんが従来の仕事を続けるためには施設への入所もやむを得ないのではないか，と意見を述べた。しかし父親は「絶対に施設には入らない。子どもが親の面倒を見るのは当然のことだ」といって拒絶した。担当医は「これは家族内の問題ですから……」といってAさんらの選択に委ね，その結果，Aさんは自宅での介護を引き受けることとなった。やがて仕事との両立が難しくなったのでAさんは退職したが，その頃から毎日，父親の暴言に苦しめられるようになった。そんなある日，「お前の気が利かないいせいで俺はいつも不自由な思いをしている。俺の年金に頼って生活しているくせに生意気な奴だ」という父親の言葉に逆上し，Aさんは父親に暴行してしまった。

〔キーワード〕要介護者の自己決定権，要介護者の家族の責任，ナーシングアドボカシー

このケースを考えるヒント：

Q1：どうすれば，Aさんの父親への暴行（虐待）を防ぐことが出来ただろうか？

Q2：介護方針は，家族内での意思決定にどこまで委ねるべきだろうか？

【解題】

1）上記のような経緯からすると，Aさんが父親に暴行したという事実だけに目を奪われて，これを非難したとしても問題の本質を捉えたことにならないのは明らかです。ここでは，Aさんが父親の介護を放棄する訳にはいかないという立場にあることに注目する必要があります。

2）親の介護のためにどこまでの犠牲を払うべきか，という問題は価値判断そのものであり，個人の自由意思または家族内での意思決定が最大限尊重されるべきかも知れません。しかし，個人は「どの程度の介護負担なら自分の人生を破壊しない

か」という問題に対する判断を誤りやすく、判断の誤りは後日、虐待や殺人、「介護心中」等となって顕在化する可能性もあります。ここで浮上するのが、介護方針をどこまで家族内部での意思決定に委ねるべきか、という問題です。

3）介護方針の選択に医療者がどこまで「口出し」をして良いのかは難しい問題ですが、公平な第三者としての立場から助言し、患者本人とその家族の利益の調和を図るという役割を医療者が引き受けるべき場面は少なくないと思われます。残念ながらこのケースで担当看護師の意見は採り上げられませんでしたが、ここでは、医療スタッフの一員であると同時に患者さん（およびその家族）の利益を守り、その意思を伝える代弁者としての看護師の役割も重要となります。そのうえで、あらゆる選択肢についてもっと真剣な話し合いがなされるべきだったと思われます。介護方針の決定にあたっては、各種の公的・私的な介護福祉サービスをうまく活用することが前提となりますが、そのためには、地域の実情に精通したメディカル・ソーシャルワーカー（MSW）などの関与も必要となる場合があります。

（中塚晶博）

【事例⑥】 抗がん剤治療中に急死した少女

①Aさんは高校3年の夏、右顎下部の滑膜肉腫のためX医大口腔外科で摘出手術を受けた。続いて9月から抗がん剤オンコビン等の治療が開始された。Aさんは、治療開始後、嘔吐や40度近い発熱、手足のしびれ、起立困難、点状出血が起こり苦しくて、付き添いの母Bさんとともに再三再四、受け持ちの看護師Cにつらさを訴えた。看護師Cはそのつど担当医Dに伝えたが、抗がん剤治療によくある副作用と見なされたまま、解熱剤や対症的に精神安定剤のみが投与されるだけで、治療方針はそのまま変更されなかった。

②しかしAさんは治療開始後数日で多臓器不全に陥り10日目に急死してしまった。1カ月後、病院側の記者会見に出た病院長Eや口腔外科部長Fは、医師Dが稀な腫瘍のためその治療に精通していなかったうえに、あろうことか英文の薬の説明書を読み間違え、週1度投与すべき抗がん剤を連日投与してしまった。その過剰投与が直接死因になったと謝罪した。

〔キーワード〕患者—医療者関係、患者さんの主訴と病歴SOAP、ネグレクト、医療過誤、責任転嫁

事例⑥を考えるヒント：

Q1：なぜ医師や看護師は患者さんの訴えを軽視したか？

Q2：この医療過誤は担当医Dのみの責任か？

【解題】

1）抗がん剤治療の表向きの目的はがん細胞の全滅ですが、抗がん剤の役目は専ら

がんのサイズを小さくすることで，がんの完治までは保証しません（可能性はゼロ
ではないですが）。悪性度が低い滑膜肉腫では外科的広範切除のみとし化学療法は
しないという治療方針もあります。事例⑥は，医師が抗がん剤の投与量を間違える
というずさんな医療の結果とされていますが，抗がん剤を正確に週1回投与しても
副作用が起きる危険性は皆無ではありません。使用量とは平均値であり，個々の患
者さんに適切な量か，選択した薬は正しいかは試してみるまで未知数です。この稀
有な腫瘍患者の治療方針も，大学病院なら通常その科の全体カンファレンスで決ま
るはずです。口腔外科部長Fが中心的にかかわっていないはずはなく，医師Dだ
けの過誤とするのは責任転嫁で尻尾切りの疑いさえ起こります。

2）この例は，患者さんの訴えを把握し異変に気付く患者本位の道をとらずに，腫
瘍退治に専心する医療者本位の典型例です。しかし病気はカンファレンスルームで
はなく病室の患者さんの心身という現場で起きています。患者さんの再三のSOS
をネグレクトせず，臨機応変に対応し治療法を点検することが必要でした。実例で
は当該医師はメディアに「患者を見ずに病気のことばかり見ていた」と述懐してい
ます。この姿は，まさに現代医療の工学モデル的側面を表しています。

3）医事訴訟の多いアメリカの話ですが，患者さんに悪い結果が起こった場合，多
額の賠償金を支払っているのは，必ずしも間違った医療を行なった医師ではありま
せん。ほぼ共通の敗因は不注意やネグレクトです。医療訴訟はそうした患者さんや
家族の無念の思いがそうさせるのです。

（村岡　潔）

【事例⑦】　エドワーズ症候群（第18染色体トリソミー）の新生児

　　Y病院のNICU（新生児集中治療室）で生後3日のエドワーズ症候群の新生児ベ
ビーTが人工呼吸器をつけている。Tの治療について，両親と医療スタッフは以下
のように考えている。

父親A：わが子が正常に成長しないなら，もう何もせず人工呼吸器も止めてほし
　　　　い。

母親B：苦労してダウン症児を育てる友達がいる。40代で初のわが子だが，その子
　　　　より重いといわれると育てる自信がなくなりそう。どうしたらよいか正直
　　　　悩んでいる。

担当医C：両親の迷いはわかるが治療法も年々進歩している。児の人工呼吸や人工
　　　　　栄養などの初期治療を継続し1カ月を過ぎれば年単位で生存可能なは
　　　　　ず。それまでは経過をみたい。

医長D：一家が将来幸福になれる可能性は低い。父親の意見に賛成だが，せっかく
　　　　のベビーTの命を生かすため，両親が承諾してくれるなら，肝臓移植な

どのドナーにしてあげたい。

看護師長Ｅ：一番世話する私たちは，生きる権利や能力がある，この児を病院で見
殺しにはできない。両親が救命を希望しないのなら，私たちの１人が
養子縁組を申し出てもよい。また，臓器の合併症がそれほど重篤な
ら，この児は，むしろ臓器移植を受けるレシピエント側である。

(注) パワード・ブロディ『医の倫理』より改編

〔キーワード〕NICU，人工呼吸器，染色体異常（第18染色体トリソミー），Ｍアプ
ローチ，ショート・カット法，SOL 倫理 vs QOL 倫理，代理決定

事例⑦を考えるヒント：

Q1：ベビー T の救命治療（人工呼吸）の継続の是非は？

Q2：ベビー T の治療方針の代理決定は誰が行うべきか？

【解題】

１）18トリソミー（エドワーズ症候群）は数千人に１人が出生。一般に重度の知的
障害，成長障害，口唇口蓋裂や手指の重なり，先天性心疾患を伴い，呼吸器・消化
器・泌尿器・骨格系，難聴，悪性腫瘍なども合併しやすいといいます。初期治療で
助かった児の生存期間の平均はほぼ16年で，心疾患の手術の多くは，出生後すぐに
必要なわけではありません。

２）18トリソミー児の家族は，小児の疾患の受容には時間を要します。21世紀以降，
医学界では，救命医療の否定はしない傾向となり，治療方針決定には両親（代理決
定者）の希望を重視することが指針にも挙げられるようになりました。正確な医療
情報の提供は重要でも「致死的だ」「希望はない」などの否定的な言葉使いを避け
ることが大切です。医療者の「わが子ならどうするか？」との自らへの問いかけは
大切な視点で，医療者には常に両親の感情や思考に敬意をもち共感的な姿勢で臨む
ことが求められています。

３）事例⑦では，一般に代理同意の決定権がある両親の間も揺れています。担当医
Ｃは現状維持で日和見的，医長Ｄは治療停止（かつドナー化も）推奨し，看護師
長Ｅは積極的な救命治療を求めています（看護師の親権獲得の意図は養親となっ
て代理決定権を得るため）。こうした事例では専らＭアプローチが向いています。
また，結果の予想リストの評価には，SOL 倫理 vs QOL 倫理の対比法や，ショー
ト・カット法などが有効です。いうまでもなく SOL 倫理の立場ではベビー T の治
療継続には何ら疑問の余地はありません。一方，それ以外の決定は大なり小なり
QOL 倫理の側にありますので，その論理的正当性の説明義務が生じます。

(参考) 片岡功一「18トリソミーおよび13トリソミー児の心臓血管手術」Pediatric Cardiology and
Cardiac Surgery 36(1)：3-15（2020）http://jpccs.jp/10.9794/jspccs.36.3/data/index.html

（村岡 潔）

【事例⑧】　ECMO は誰に優先されるべきか？

　　J 島は人口 3 万余の離島の有名な観光地。全国で新型ウイルス性肺炎の流行の最中，政府の観光キャンペーンのもと J 島へも大勢の観光客が押し寄せ30人規模の集団感染が発生した。

　　そのため島は医療崩壊の危機に瀕し，島の最大規模の医療センターの感染病棟は患者で満杯となった。中でも重症の 6 名が ICU で人工呼吸器をつけている。センターへの入院順に A さん：旅行者の会社員（独身；28歳），B さん：居酒屋店主（A さんの接触者；65歳），C さん：妊娠 3 カ月の妊婦（B さんの二女；36歳），D さん：小学生（C さんの長女；10歳），E さん：開業医（A さんを初診した医師；48歳），および F さん：医療センター看護師（A さんの入院時担当；52歳）である。全員の病状は大差なく悪化の一途をたどり，目下，全員が最後の手段である ECMO（体外式膜型人工肺）が必要な状況となっている。

　　しかし，J 島では ECMO は当医療センターに 1 台しかない。なお約 500 Km 離れた本土の関連病院に連絡をとったところもう 1 台の提供が可能だという。ただし，台風が接近しているため一両日は搬送が難しいという。そこで病棟カンファレンスが開かれ，最初に誰に装着するか，2 台目は誰に行うかが討論されている。なおこの肺炎の根治的な化学療法はまだない。

〔キーワード〕新型ウイルス性肺炎，ECMO，SOL 倫理と QOL 倫理，トリアージ

事例⑧を考えるヒント：

Q1：誰と誰を ECMO に装着すべきか？

Q2：選にもれた 4 人の患者にはどう対処すべきか？

【解題】

1）これは ECMO を多数の候補者の中から誰に使うかをどう決めるのかという資源配分の問題です。

2）QOL 倫理ではトリアージ（第 4 章，71-72頁）が使われます。トリアージは実行者の価値観が判断基準になりますが，多角的な判断基準を使うとより公平な結果が期待されます。この事例のように，トリアージには医学的基準だけで決められないと文化社会的基準が使われることがあります。例えば，高齢者ないしは年少者の順位は高く，また社会貢献度が高いとされる医療者や政治家，ノーベル賞受賞者らが優先され，前歴者，ホームレス，薬物依存者などの順位は下がるでしょう。以下は解答の一例です。他にも解はありますので，各自が工夫し考えて下さい。

　　なお，不等号「X＞Y」では「X の次に Y の順」，「X＝Y」では X と Y が同じ順位を示します。

　　①年齢別（若い順）では D＞A＞C＞E＞F＞B の順で，②高年齢順では B＞F＞E＞C＞A＞D となります。また，③島の経済の関係からは B＝C＝E＝F＞A＝D と

されたり，④医療者を優先すると E＞F＞A＝B＝C＝D の順となり，⑤女性優先では C＝D＝F＞A＝B＝E で，⑥子ども優先では C（の胎児）＝D＞A＝B＝E＝F となります。一方，重症度に差がないとしても⑦発症や入院からの時間経過が速いほど急性増悪度が高い（緊急性が高い）とすると F＞E＞D＞C＞B＞A の順になります。これらの総合評価法の 1 例ですが，上記①〜⑦毎に 1 番から順位をつけ（＝の場合は同順位），A〜F の各人の順位の総和を計算し，その数が小さい順に 2 名を選択するというやり方があります。この例では，A（22点），B（20点），C（17点），D（16点），E（15点），F（14点）となり，F が第 1 に E が第 2 の選択となりました。このようにトリアージで誰を選ぶかには，M アプローチがよく使われます。

　ちなみに，人工透析が不可欠な腎不全や人工呼吸器が必要な ALS の患者さんに対して「予後不良」だから医療機器の利用は不要とみなす考え方は，通常医療に対する誤解であり，トリアージでもありません。

3）トリアージに対して先着順やくじ引きなどで資源配分の機会均等を目指すのが SOL 倫理です。配分が小さくなってもパイを仲良く分ける形です。トリアージは「5 人乗りの救命ボートに 6 人が殺到したら 1 人を除く」というやり方ですが，後者では「5 人がボートに乗り 1 人は交代で水につかりながらもボートのヘリにつかまって救助を待つ」といった考えです。人工呼吸器がなければ人力で交代しながらアンビューバッグで補助呼吸を続け，他からの応援までの時間稼ぎをします。むろん選からもれた人を可及的速やかに他施設に搬送するのは必須です。

（村岡　潔）

【事例⑨】　予防的乳房・卵巣摘出手術

①A さん（32歳）は，母親（56歳）を卵巣がんで叔母（48歳）を乳がんで亡くした。この家族歴から，がん家系とされ A さんは無症状ながら遺伝子検査を受けた。その結果，遺伝子 BRCA1/2（がん抑制遺伝子）に変異（異常）が認められ，将来，87％で乳がんに，また50％で卵巣がんになる危険性があると担当医 B から告げられた。

②そして彼女は担当医に勧められるまま，すんなり両乳房切除という予防策を選んだ。病理検査で正常と確認された皮膚は残し乳房内部組織の全摘を受け，その後乳房再建手術も受けた。A さんは，半年後，左右の卵巣摘出術も受け，目下，ホルモン補充療法中である。

③A さんは，これで乳がんにも卵巣がんにならないですむと安堵したが，担当医 B から，発がんの確率は大幅に減ったが 0 でないと聞き，一抹の不安を感じている。

〔キーワード〕予防的手術，インフォームド・コンセント，乳癌卵巣癌症候群

（HBOC），遺伝カウンセリング

事例⑨を考えるヒント：

Q1：担当医ＢのＡさんへの情報開示は必要にして十分であるか？

Q2：Ａさんからの同意（インフォームド・コンセント）は成立しているか？

【解題】

1）予防には一次予防（発症を防ぐ），二次予防（早期発見し早期治療する），三次予防（残存身体機能の維持）があります。ＡさんはBRCA1/2（1994/95年発見）に変異がある未発症陽性者なので，この乳房／卵巣摘出は一次予防です。この変異があると乳がんで6〜12倍，卵巣がんで8〜60倍を発症する確率が高くなるというデータもあり，担当医に勧められ手術に同意しました。しかし，女性の一生（90歳前後）に比べてその歴史は浅く開始から20年程です。この手術は，数年程度の観察で発症の予防可能（未発症者の術後の乳がん発症率は0〜10％）とされていますが，生涯観察した場合のことは分からず，死亡率が有意に低下する確証もないようです。微小ながんの見落としや術後の断端組織の残存が原因ともいえます。卵巣を温存せず卵巣摘出術をしたほうが予後不良（がん発症や全死亡が多い）というデータもあり，ホルモン療法の副作用も考えられます。

2）倫理的には，このように予防的手術が現在は実験的介入であることを担当医が正しく情報開示したかが問われます。医療者側は，この手術が実験的介入であることを隠さず伝え，当事者の自己決定に委ねる必要があります。この手術では担当医が手術に誘導することはルール違反となり，当事者から得られた同意は真のインフォームド・コンセントにはなりません。また遺伝子検査を受ける際にも当事者の理解を深めるための遺伝カウンセリングが不可欠です。遺伝子検査の結果，本人だけでなく親兄弟など近親者の情報も明らかになり，近親者との情報共有や調整も必要です。遺伝子検査にも医療者からの十分な情報開示と患者さんからのインフォームド・コンセントが必要なのです。事例⑨の患者—医療者関係は，情報開示が医療者本位であるため，工学モデルに相当するでしょう。

(村岡　潔)

【事例⑩】　性適合手術と生殖補助技術による子づくり

①Ａさんは，31歳。性的マイノリティの一人で，性適合手術SRSを受け，戸籍上も女性から男性になったF to M（身体的女性から自認的男性）者。さらに女性Ｂと結婚した。Ａさんの願いは生殖補助技術を駆使し，手術直前に凍結保存した自分の卵子と第三者の精子で受精卵（胚）を作り，Ｂの子宮に胚移植し出産してもらい，遺伝上自分と繋がった子どもをもつこと。妻Ｂはその子と自分に遺伝的なつながりがない点に不満は残るが，出産にかかわれる点でこの出産計

画Ｐに賛成している。
　②ある日，夫婦がＸ大学病院の産科医で生殖補助技術の研究者Ｃに相談すると，
　　畜産では乳牛雌２頭から双方の遺伝形質を受継いだ仔牛を得ることが理論的技術
　　的に可能と知らされ，実験的にその技術をヒトで試してみないかと誘われた。夫
　　婦は妻Ｂの遺伝子も加わる点で賛同した。その結果，Ｃの指揮の下，Ａさんの
　　卵子とＢの卵子から双方の遺伝情報を受け継いだわが子をＢに産んでもらう出
　　産計画Ｑに変更することになった。

〔キーワード〕性的マイノリティ，生殖補助技術ART，人体実験，血筋（血統）主
　　　　　　　義，Ｍアプローチ
事例⑩を考えるヒント：
Q1：出産計画P&QとQと不妊治療（生殖補助技術の利用）の違いは何か？
Q2：Ａさんの生き方に矛盾はあるか？
【解題】
　１）性的マイノリティは13人に１人ともいいます。その中のLGBTXはLesbian,
Gay, Bisexual（両性愛者），Transgender（性別越境者），X-gender（男女性別疑問
者）の頭文字をとったもので，ＡさんはTransgenderです。DSM-5は「性同一性
障害GID」を差別的とし「性別違和」なる診断名を採用。1990年代の米国では
LGBTでも人工授精などの不妊治療技術を転用し子どもを得る人々が出現しまし
た。出産計画P&Qはその延長線上ですが，2019年現在，法が未整備で国内では実
現可能性はなく，海外でもヒトでの実現はありません。出産計画Ｑは市川茂孝
『背徳の生命操作』（農山漁村文化協会，1987年）に基づくもので，体外受精，胚
（＝受精卵）移植，クローン動物作成時の核移植という生殖技術が活用されます。
2019年現在，ネズミではゲノム編集などで雌同士から雌，雄同士から雄の子どもが
生まれています。
　２）計画P&Qは先端医療に相当するので，その是非はＭアプローチが適していま
す。その際，計画で妊孕性を喪失したＡさんの生殖の権利が復活する点や，生物
学（遺伝学）的な血筋主義を最優先するＡさんと女性Ｂさんの観点をどう評価す
るかが焦点になるでしょう。一方，人類学では，血筋による生みの親だけでなく，
その子を育てている存在も育ての親と認知されます。
　３）ちなみに，Ａさんの行為には，次のような矛盾点が認められます。それは成長
の過程で性別違和に陥り，女性という生物学的身体を否定し心的観念（身体像）に
よる男性性を獲得すべく性適合手術で身体変工（変更）し「男性」になったこと，
その一方，子どもに関しては心的観念による養子の採用は否定し，専ら血筋という
遺伝学的生物学的条件を追求していることです。
　　　　　　　　　　　　　　　　　　　　　　　　　　　　　　（村岡　潔）

【事例⑪】 患者さんの権利と実験的治療のあり方

　　Ｘ大学医学部教授Ｂは，心臓の難病であるＹ病の治療として自ら考案した画期的な手術法を，重症の入院患者Ａさんに実施したいと考えた。大学内や学会では「Ｂの考案した手術は，まだ安全性の証明がなく，患者に実施すべきでない」との意見が有力だった。しかしＢは，新しい手術法の成功には絶対の自信をもっていた。

　　Ｂは何としてもＡさんを救いたい一心でその手術法を実施することにした。ただし，Ａさんに対しては「これしか方法がない。最善を尽くします」とは説明したが，手術の安全性がまだ確かめられていないことは言わずに手術に踏み切った。結果として手術は成功しＹ病も改善した。Ａさんは，Ｂに心から感謝している。

〔キーワード〕患者さんの自己決定権，適切な治療を受ける権利，パターナリズム
　　　　　　　（牧師モデル），実験的治療

事例⑪を考えるヒント：

Q1：教授Ｂの行為には，どのような問題点があるか？

Q2：もし手術の結果がよくなかった場合，どういう問題が起こるか？

【解題】

1）20世紀の半ば頃までは，医師がひとたび治療を引き受けた以上，個別の医療行為については患者さんの同意なく進められるのが普通でした。伝統的に，医師は，当然患者さんの利益のために行動するものとされてきたことが背景にあります（「ヒポクラテスの誓い」を参照）。しかし実際は，そのような慣行は医師の独断の温床となりやすく，患者さんを医療過誤等の危険にさらす原因ともなりました。

2）このような歴史に対する反省から今日では，健康を左右する医療行為については，そのつど自ら選択する機会が保障されることが「患者の権利」として認識されるようになりました（「リスボン宣言」を参照）。患者の権利には「説明を受ける権利」，「自己決定の権利」，「良質の医療を受ける権利」が含まれます。なお，治療法が未だ一般に認められたものといえない場合（実験的治療）は本人の同意に加え，治療行為の適正を担保するための手続（倫理委員会による審査・監視等）が必要となります（「ヘルシンキ宣言」を参照）。実験的治療の場面では医師の学術的関心や功名心などが患者さんの利益と相反しうることにも注意が必要です。

3）以上より，教授Ｂの行為に対しては以下の問題を指摘することができます。

(1)治療の選択肢とその内容を患者さんに説明しなかったこと

(2)自由意思に基づいて治療を選択する機会を患者さんに与えなかったこと

(3)実験的治療の適正を担保するための手続（倫理委員会による事前審査等）を履践（実行）しなかったこと

4）この事例では治療が成功し患者さんは心から感謝していますが，倫理的には問

題のある行為です。仮に思い通りの結果が得られなかった場合はＡさんは教授Ｂを非難し，責任を追及することになっていたかも知れません。いかなる医療行為にも一定の危険は付きものですが，その結果を受け入れることが出来るかどうかは，それが倫理的に許されるものであったかどうかが重要な分かれ目となります。

（中塚晶博）

【事例⑫】　誤って筋弛緩剤を点滴された患者さんが死亡……

①当直医Ｂは，病棟の看護師Ｃから39度に熱発した患者Ａさん（男性，82歳，肺炎）の相談を受けて目が覚めた。Ｂは診察不要と考え，解熱剤と，喘息の既往から副腎皮質ホルモン剤「サクシゾン」の点滴を電子カルテから薬局に指示した。その際，画面の候補の「サクシン」を「サクシゾン」と間違えたが気がつかなかった。

②薬剤師Ｄは，Ｃの病状は気にせず処方量のみ調べ病棟に解熱剤とサクシンを届けた。

③解熱剤だけでなくサクシンの点滴に懸念を感じたＣは，Ｂに「本当に点滴していいんですか？」と確認した。サクシゾンと信じ込んでいたＢは「いいから30分ぐらいね」と答えた。そこで，Ｃは，指示通りに点滴を開始した。

④Ｃが30分後に巡回に行くと，Ａさんはすでに心肺停止の状態だった。

〔キーワード〕医療過誤，電子カルテ，薬剤管理，筋弛緩剤，情報の共有

事例⑫を考えるヒント：

Q1：ＢとＣとＤにはどのような問題点があったか？

Q2：医療スタッフがどのようにしたら，この事故を防ぐことができたか？

【解題】

1）薬の取り違えを防ぐには薬剤管理が不可欠です。ちなみに，サクシゾンは，ステロイド剤のヒドロコルチゾンのことで，炎症，喘息，皮膚疾患などの治療に使用されます。一方，サクシンは，筋弛緩剤のスキサメトニウムのことで，通常は，全身麻酔時の気管内挿管時や，精神科の電撃療法での筋弛緩に使います。しかし人工呼吸なしの状態で使用すると，呼吸筋が麻痺し呼吸が止まります。「安楽死」をもくろんで筋弛緩剤だけを使うと，呼吸ができなくて安楽どころか，意識があるままもがき苦しんで死ぬことになります。日本でも，薬剤師による病棟での薬剤管理は必要なのです。類似の薬名の変更も不可欠です（降圧剤「アルマール」と抗糖尿病薬「アマリール」が混同され，低血糖による患者さんの死亡事故が起きました。薬剤の棚が，通常の薬効別ではなく，五十音順の仕分けで両方が同じ棚に並んでいたため）。

2）この事故は「処方ミス・遠慮がちな確認ミス・薬剤管理ミス」という複数エ

ラーの連鎖の結果です（スイスチーズモデル）。医療過誤はシステムの問題です。同じ過誤を防ぐには当事者個人を責めるよりも，どこにどんな欠陥があったかを見極めることが肝心です。

3）危惧を抱いた以上，Cは遠慮なくBにはっきりと筋弛緩剤と伝えるべきでした。看護協会もはっきりと薬品名を出すようにという通達をだしています。薬剤師は病棟での筋弛緩剤の使用に疑問をもつべきでした。そうすれば薬剤の選択ミスに気づいたはずです。筋弛緩剤使用のような大事な情報は必ず共有すべきです。電子カルテの登場で画面に気をとられ医療スタッフ同士の口頭での確認が減ったことも要因といえます。

4）他者への無危害原則を順守すべき専門職の職業倫理の視点からは，医療チームとしては意思の一致できたことのみを実践すべきです。納得できない指示は実行すべきではないのです。それに，またBがAさんを直接診察していたら，善行原理につながる別の展開になったはずです。副作用や医療過誤の結果，大変なしわ寄せがいくのは医療スタッフではなく患者さんなのです。

（村岡　潔）

資料編

看護者の倫理綱領

2003年　公益社団法人日本看護協会

（2021年3月末改訂予定）

前文

　人々は，人間としての尊厳を維持し，健康で幸福であることを願っている。看護は，このような人間の普遍的なニーズに応え，人々の健康な生活の実現に貢献することを使命としている。

　看護は，あらゆる年代の個人，家族，集団，地域社会を対象とし，健康の保持増進，疾病の予防，健康の回復，苦痛の緩和を行い，生涯を通してその最期まで，その人らしく生を全うできるように援助を行うことを目的としている。

　看護者は，看護職の免許によって看護を実践する権限を与えられた者であり，その社会的な責務を果たすため，看護の実践にあたっては，人々の生きる権利，尊厳を保つ権利，敬意のこもった看護を受ける権利，平等な看護を受ける権利などの人権を尊重することが求められる。

　日本看護協会の『看護者の倫理綱領』は，病院，地域，学校，教育・研究機関，行政機関など，あらゆる場で実践を行う看護者を対象とした行動指針であり，自己の実践を振り返る際の基盤を提供するものである。また，看護の実践について専門職として引き受ける責任の範囲を，社会に対して明示するものである。

条文

1．看護者は，人間の生命，人間としての尊厳及び権利を尊重する。
2．看護者は，国籍，人種・民族，宗教，信条，年齢，性別及び性的指向，社会的地位，経済的状態，ライフスタイル，健康問題の性質にかかわらず，対象となる人々に平等に看護を提供する。
3．看護者は，対象となる人々との間に信頼関係を築き，その信頼関係に基づいて看護を提供する。
4．看護者は，人々の知る権利及び自己決定の権利を尊重し，その権利を擁護する。
5．看護者は，守秘義務を遵守し，個人情報の保護に努めるとともに，これを他者と共有する場合は適切な判断のもとに行う。
6．看護者は，対象となる人々への看護が阻害されているときや危険にさらされているときは，人々を保護し安全を確保する。

7．看護者は，自己の責任と能力を的確に認識し，実施した看護について個人としての責任をもつ。

8．看護者は，常に，個人の責任として継続学習による能力の維持・開発に努める。

9．看護者は，他の看護者及び保健医療福祉関係者とともに協働して看護を提供する。

10．看護者は，より質の高い看護を行うために，看護実践，看護管理，看護教育，看護研究の望ましい基準を設定し，実施する。

11．看護者は，研究や実践を通して，専門的知識・技術の創造と開発に努め，看護学の発展に寄与する。

12．看護者は，より質の高い看護を行うために，看護者自身の心身の健康の保持増進に努める。

13．看護者は，社会の人々の信頼を得るように，個人としての品行を常に高く維持する。

14．看護者は，人々がよりよい健康を獲得していくために，環境の問題について社会と責任を共有する。

15．看護者は，専門職組織を通じて，看護の質を高めるための制度の確立に参画し，よりよい社会づくりに貢献する。

出典：公益社団法人日本看護協会ウェブサイトより
　　　https://www.nurse.or.jp/home/publication/pdf/rinri/code_of_ethics.pdf

●執筆者紹介（執筆順，＊は編著者）

＊山本　克司（やまもと　かつし）担当：1（I～IV）
　修文大学健康栄養学部教授・社会福祉士

　贄　　育子（にえ　いくこ）担当：1（V）
　一宮研伸大学看護学部准教授・助産師

　藤井　徳行（ふじい　のりゆき）担当：コラム①②
　前岐阜聖徳学園大学学長

＊村岡　　潔（むらおか　きよし）担当：2，4，ケーススタディ編・事例①⑥⑦⑧⑨⑩⑫
　岡山商科大学法学部客員教授，西本願寺あそか診療所院長・医師

　中塚　晶博（なかつか　まさひろ）担当：3，8，ケーススタディ編・事例②③④⑤⑪
　岐阜聖徳学園大学看護学部教授・医師

　石本　傳江（いしもと　つたえ）担当：5
　前聖カタリナ大学人間健康福祉学部看護学科教授・看護師

　関谷由香里（せきや　ゆかり）担当：6
　聖カタリナ大学人間健康福祉学部看護学科教授・看護師

　池田　直樹（いけだ　なおき）担当：7
　上本町総合法律事務所・弁護士

Horitsu Bunka Sha

医療・看護に携わる人のための
人権・倫理読本

2021年4月20日　初版第1刷発行

編著者　村岡　潔・山本克司

発行者　田靡純子

発行所　株式会社 法律文化社

〒603-8053
京都市北区上賀茂岩ヶ垣内町71
電話 075(791)7131　FAX 075(721)8400
https://www.hou-bun.com/

印刷：共同印刷工業㈱／製本：新生製本㈱
装幀：奥野　章

ISBN978-4-589-04146-3

©2021 K. Muraoka, K. Yamamoto Printed in Japan

山本克司著

福祉に携わる人のための人権読本

A 5 判・172頁・2300円

福祉従事者が現場で直面する様々な人権問題に具体的に活用できることを目指した人権論の入門・実践書。人権の歴史と理論ををふまえ，現場で考え，実践できるよう知識の確認と応用，事例演習を付す。

久塚純一・長沼建一郎・森田慎二郎編

医療・福祉を学ぶ人のための法学入門

A 5 判・258頁・2400円

医療・福祉の職をめざしている人を対象とした法学入門書。医療・福祉の現場でおこる事例を概説のなかで取りあげ，臨場感をもって習得できるようにした。国家試験の出題基準および過去問題から学習すべき項目を厳選。

三好禎之編

初めての社会福祉論

A 5 判・176頁・2200円

保育・介護を初めて学ぶ人に，社会福祉専門職として修得すべき基礎知識だけでなく，地域の住民を支える役割，身に付けたい世界観まで解説。貧困や介護事故対応など今日的課題も理解できるように資料やコラムを多数収載。

宇佐美誠・児玉 聡・井上 彰・松元雅和著

正 義 論
―ベーシックスからフロンティアまで―

A 5 判・294頁・2800円

古典的学説・学派から最近の論点や理論まで，正義論の基本をわかりやすく説明したうえで，貧困・格差や環境破壊など今日的課題に正義論がどのように応用されうるのかを論じる。架空例・コラムも交え，哲学的思考を鍛える豊富な素材を提供する。

川西 譲・川西絵理著

医 療 法 律 相 談 室
―医療現場の悩みに答える―

A 5 判・240頁・2500円

医療現場を熟知する弁護士が，患者とのトラブルや医療事故・倫理問題に対応するための法的根拠と，結論に至る考え方を解説。各章冒頭の問いに答える形で具体的に叙述し，各章末に「要約とポイント」や「キーワード解説」を付す。

── 法律文化社 ──

表示価格は本体(税別)価格です